政务大数据
时空统筹研究

ZHENGWU DASHUJU SHIKONG TONGCHOU YANJIU

王 艳◎著

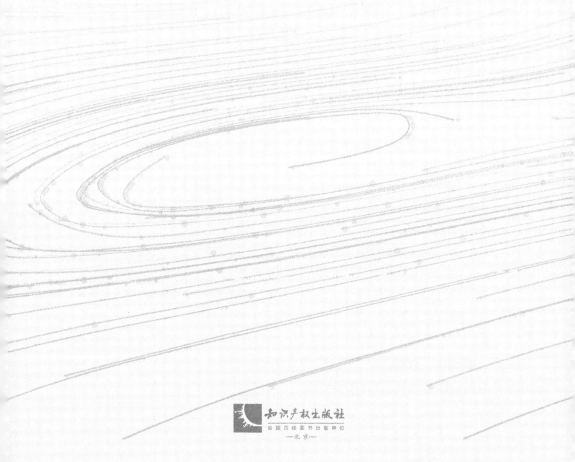

知识产权出版社
全国百佳图书出版单位
—北京—

图书在版编目（CIP）数据

政务大数据时空统筹研究／王艳著. —北京：知识产权出版社，2024.5
ISBN 978-7-5130-9344-6

Ⅰ. ①政… Ⅱ. ①王… Ⅲ. ①电子政务-研究-中国 Ⅳ. ①D63-39

中国国家版本馆 CIP 数据核字（2024）第 077211 号

内容提要

大数据时代，政务大数据的多样性和复杂性大大增加，对政务平台的分析、处理能力提出了更高的要求。本书以政务大数据为研究对象，从时间和空间视角，围绕统筹学的核心思想"人—时间—空间"这一主线，梳理出破除大数据发展悖论的三条路径：传统与现代的平衡、时间与空间的转化、博弈与合作的协调。本书通过"时空统筹"这一科学哲学思维范式全面审视政务大数据实践活动，以战略统筹布局、构建数据时空平台为突破，设计了大数据技术内化为治理能力的提升之路。

本书可供政务大数据的相关研究者、管理者参考。

责任编辑：安耀东　　　　　　　　**责任印制：孙婷婷**

政务大数据时空统筹研究

王　艳　著

出版发行：知识产权出版社有限责任公司		网　　址：http://www.ipph.cn	
		http://www.laichushu.com	
电　　话：010-82004826		邮　　编：100081	
社　　址：北京市海淀区气象路 50 号院			
责编电话：010-82000860 转 8534		责编邮箱：laichushu@cnipr.com	
发行电话：010-82000860 转 8101		发行传真：010-82000893	
印　　刷：北京中献拓方科技发展有限公司		经　　销：新华书店、各大网上书店及相关专业书店	
开　　本：720mm×1000mm　1/16		印　　张：9.5	
版　　次：2024 年 5 月第 1 版		印　　次：2024 年 5 月第 1 次印刷	
字　　数：153 千字		定　　价：88.00 元	

ISBN 978-7-5130-9344-6

目 录
CONTENTS

第一章　绪　论

第一节　研究的缘起

"当世界开始迈向大数据时代时，社会也将经历类似的地壳运动。"❶ 21世纪的大国竞争与大国博弈不再以兼并土地为目标，而是由资本、资源的竞争转向对数据的掌控。数据如同支撑传统行业的能源一般，不仅成为社会发展的新的驱动力，还成为国家发展的关键性战略资源。

根据中国互联网络信息中心（CNNIC）发布的第 45 次《中国互联网络发展状况统计报告》，截至 2020 年 3 月，我国网民规模为 9.04 亿，互联网普及率达 64.5%，较 2018 年提升 4.9 个百分点。❷ 我国手机网民规模达 8.97 亿，这个数量还在呈指数级增长，网民中使用手机上网的占比达 99.3%，较 2018 年提升 0.7 个百分点。我国在线政务服务用户规模达 6.94

---

❶ 迈尔-舍恩伯格,库克耶.大数据时代:生活、工作与思维的大变革[M].盛杨燕,周涛,译.杭州:浙江人民出版社,2013:219.

❷ 钟开斌.应急管理十二讲[M].北京:人民出版社,2020:279.

亿，较 2018 年增长 76.3%，占网民整体的 76.8%。❶ 2019 年 5 月，全国一体化在线政务平台国家政务服务平台（http://gjzwfw.www.gov.cn/）上线试运行，该平台通过 PC 端、移动端 APP 和小程序等互联网平台向用户提供服务。自上线以来，该平台陆续接入各地方部门，共连接的政务服务事项达360 多万项，其中高频热点办事服务 1000 多项，特别针对长三角、京津冀等区域推出了一体化政务服务。

2020 年以来，国家政务服务平台陆续推出多个服务专题，如"小微企业和个体工商户服务专栏"、疫情防控、复工复产、就业服务等，开发了"保企业""稳就业"的新服务渠道。截至 2020 年 5 月 30 日，国家政务服务平台注册用户达 2.19 亿，累计浏览量超过 176.56 亿次，较一年前注册用户翻了一番，累计浏览量增长了 3 倍多。❷ 特别是手机网民数量激增至 7 亿以上时，政务微信、客户端等"微平台"成了政府与群众沟通的重要渠道之一，政府在用先进技术优化办事流程的同时，进一步借助大数据技术推进政务公开、资讯推送和公共服务，提升了满意度。

截至 2020 年 8 月，人口流动地图、同行查询、病源排查等大数据应用各显神通，"零走动""掌上办"成为企业和群众办事的首选，全国一体化政务服务平台整体办件量达 378 万件，其中线上办件 133 万件。从地区来看，22 个省级行许可事项网办率超过 50%。这实际上是大数据发展过程的一个缩影，是网民之变、平台之变给人们的生活和工作带来的新变化，同时也是给政府治理带来的新挑战。

习近平总书记指出："随着信息技术和人类生产生活交汇融合，互联网快速普及，全球数据呈现爆发增长、海量集聚的特点，对经济发展、社会治理、国家管理、人民生活都产生了重大影响。"❸ 社会的组织方式、运作方式因社会的复杂性及技术发展的不确定性产生了重大改变，跨部门和跨

---

❶ 第 45 次《中国互联网络发展状况统计报告》[EB/OL].（2020-04-27）[2023-05-30]. http://www.cac.gov.cn/2020-04/27/c_1589535470378587.htm.

❷ 我为群众办实事"一网通办"解民忧[EB/OL].（2021-05-31）[2023-06-01]. http://www.yanan.gov.cn/zdzl/2018/zwgkhdzzwzd/jyjl/452627.htm.

❸ 习近平新闻思想讲义[M].北京：人民出版社,2018:140.

领域的整体性综合反思被提上日程，政府和公民、组织的关系由此变成了利益共享、风险共担的互动性关系。未来，随着世界经济发展的日益加快、日益复杂，政务大数据横跨如安全、经济、金融、交通和教育等多个领域，深度加工形成具有层叠关系、结构化、个性化的数据，以此为基础进行挖掘与深度分析，从而使决策信息变得更为科学、有效。

一、研究对象

从某种意义上看，数据已经渗透到社会的方方面面，我们所处的实体社会几乎都可以用数据来表达。社会发展呈现自下而上的新特质，与传统的自上而下的管理方式相冲突，可能带来更多突如其来的复杂问题。哈佛大学加里·金说："这是一场革命，庞大的数据资源使各个领域开始了量化进程，无论学术界、商界还是政府，所有领域都将开始这种进程。"❶

本书中政务大数据以国内电子政务服务平台的数据为主，主要是政府数据，也包括部分与公共管理、服务相关联的社会数据或涉及公共利益的数据资源。政务大数据之所以成为研究对象，是因为政务数据处于社会治理与建设的核心地位，占据全部数据的 70% ~ 80%，它来源于公共部门，与企业数据、社会数据相比较，更权威、更可靠。它受到政府战略目标、组织结构、政务流程、社会情境、政治因素、文化背景甚至历史条件等限定，需要通过先进技术、移动服务与数据流实现价值关联，促进数据资产保值、增值。

政务大数据究其本质，是基于大数据的国家治理能力与治理现代化问题。大数据驱动的政府业务更为迫切地构建与社会公民需求相适应的社会治理体系。以数据驱动的治理形态为政府把握数据全面性和精确性的平衡提供了新的方式，使政务大数据内化为政府自身主动适应社会治理和公共服务现实需求的新能力。政务大数据是构建公共秩序的最底层元素，无时无刻不影响着人们的生产和生活，人们也强烈地意识到这一趋势。未来的趋势应是政务数据、企业数据、社会数据相互融合，政府通过对不同数据的融合、开发、利用，使其派上更大的用场。❷

---

❶ 洪磊,李静,刘先泽.蓝鲸法则——大数据之道[M].北京:人民出版社,2015:13.

❷ 汪玉凯.数字政府的到来与智慧政务发展新趋势——5G 时代政务信息化前瞻[J].人民论坛,2019(11):33-35.

二、选题的缘由

大数据时代，世界的一切都将被测量、记录、分析、分享和预测。似乎每个人、每个领域、每个国家都希望获得进入这一新世界的入场券，纷纷集中力量开始赶乘"大数据之旅"的班车。在高度分化的社会中，一切社会关系都可以用数据表示，人是相关数据的总和。大数据正潜移默化地渗透到人们的生活中来，生成一个新的环境，重构更加先进的"生产关系"，重建在新规律、新知识和新价值体系上的新社会与新时代。

大数据突然间变得无处不在，数据或信息以一种海量的爆炸式状态增长，数字世界、物理世界的边界日益模糊。智能终端、社交网络、移动通信等信息技术的发展，使获取时空数据成为可能。数据弥漫在城市的各种场景和服务中。私人生活和公共生活的量化达到了前所未有的高度。数据推动社会形成新形态，以数据为基础的量变到质变成为一个高概率事件。

人类在从信息技术（Information Technology，IT）时代向数据技术（Data Technology，DT）时代发展的过程中，政府部门以其独特优势早已积累了海量的公共数据，成为政务领域最大体量的数据持有者和最权威的数据使用者。政务数据具有权威性、可靠性、价值密度高、开发潜力大的特点，把握好数据全面性和精确性的平衡，高效配置和整合政务大数据资源成为关键。

事实上，我们所知的世界，仅有一小部分被理解，更多的非结构数据及其联系如同"暗数据"，并没有得到解释，甚至没有得到充分的关注。大量的用户真实数据——年龄、家庭、职业、收入、身份证信息、住所、位置信息等数据，现在也仅仅是发挥其最简单的统计价值，数据关联的价值、行为、角色在这个时代有待进一步提升。尤其是互联网巨头拥有的海量社会数据，政府难以掌控和利用，制约着其价值的有效发挥。

在这一背景下，社会进入"非稳定状态"的频发阶段。❶ 权力在不同主

---

❶ 国家发展改革委经济体制与管理研究所.改革开放三十年:从历史走向未来[M].北京:人民出版社,2008:659.

体间重新分配、转移,传统矛盾消解模式在国家与社会、政府与民众关系中陷入"张力桎梏"。❶ 静态的、各领域、各部门"独自作战"的模式已经难以适应现实的需求。政务各要素拥有极强的自组织、自生长特性,且相互交织、错综复杂,在涌现行为中出现了从低层次到高层次这一过程中单个要素所不具备的特质。

最初,政务事项仅限于狭小的空间,最多是地方性的,时间节奏十分缓慢。后来,空间被大大地拓展,时间的节奏变得越来越快。乃至今日,通过网络的媒介,空间范围进一步被拓展,时间的重要性也进一步凸显。❷ 相对而言,政府的主导角色在新时代正在发生位移,政府转型与治理形态也在进一步优化匹配。然而,大多数政府机构或部门还没有做好大数据应用的准备,政务大数据应用仍然处于起步阶段。

谁掌握了足够的数据,谁就有可能掌握未来,未来的价值不可估量。为了能够有效回应政务大数据的现实发展问题,我们需要基于时空视域进行深刻反思,从中找到理论与实践的结合点。鉴于这样的考虑,在此从社会时空学的角度对政务大数据进行梳理与建构,而不去否认时间和空间对政务大数据的基础性意义:其一,一定的时空条件构成了政务大数据的发展环境;其二,以时空延伸或时空压缩来表征政务大数据的变化及体验。

三、问题的出发点

政务大数据作为一种较新的数据形态和实践,并非大数据与电子政务二者简单的物理性叠加,而是二者相互作用的产物,是一种"化学反应"。❸ 当前,数据之间尚没有发生化学反应。

这是因为政务大数据不仅是简单的信息技术与物理社会融合的产物,

---

❶ 王钰鑫.国家与社会的动态平衡:现代国家治理的基本要求[J].理论导刊,2017(9):14-17.

❷ 贾英健.虚拟生存论[M].北京:人民出版社,2008:157.

❸ 科学技术部编写组.深入学习习近平关于科技创新的重要论述[M].北京:人民出版社,2023:129.

更是理念与规则相融合的产物。所谓"融合"并不是在物理实体层面的融合，更要将不同部门政务业务之间的差异在公共性与技术向善的价值取向之下融合统一起来。这种融合使各行为主体与周围的环境息息相关，需要协调主体间的复杂联结来完成。

一直以来，在党中央的集中统一领导下，我国政府基于已有的资源和组织结构，全面统筹资源配置，实现价值最大化，其强大的号召力和影响力是大数据与政务业务加速融合发展的核心优势所在。然而，在新形势下，政府需要应对各类问题的多样性和复杂性的外在压力陡升，但处理政务大数据能力尚待进一步提升。

面对不断激增的海量数据，政府如何继续提升管控运用数据的能力以发挥公权力在公共领域配置公共资源的作用成为新挑战。究竟政务大数据到底是什么？我们又要以何种视角、用何种思维来认知和对待？政府如何做才会实现公众服务需求与政府公共服务之间的精准对接？如何借助大数据技术使时空压缩或延伸以提升各级政府的风险决策水平、公共应急体系、社会动员能力？这些都成为研究政务大数据无法回避的问题。

第二节　研究的现状

一、已有研究成果的概况

研究现状评述需要高质量选取数据源和数据样本。国内最常用的数据库是 CSSCI 和 CNKI，尽管 CSSCI 的数据格式更规范，数据质量更高，但收录范围过小，数据量有限。相比而言，CNKI 的数据量更为丰富，使用范围更广泛，尽管缺少参考文献信息，但数据格式规范。因此，本书选取数据量大、数据来源充足的 CNKI 文献题录数据。

检索条件为：主题＝电子政务，或者主题＝电子政府，或者主题＝智慧政务，或者主题＝智慧政府，或者主题＝政务大数据，时间跨度不限，但截至 2019 年 9 月。经检索后发现 29197 条记录，为凸显出 CSSCI 期刊和核心期刊的价值，故只选择这两种期刊级别的相关文献为样本文献。

由于中文文献的记录包含会议纪要、通知、资讯、征订通知、期刊约稿、政府工作报告报道、报纸等，因此在数据采集过程中和之后对数据进行了手工修正，剔除无效文献。在样本文献中，获取的文献题录数据主要包含除正文以外的文献信息。CNKI 文献数据主要包含文献类型、作者、机构、标题、文献来源、时间、关键词、摘要、页码、期刊 ISSN 及 CN 号码，鉴于篇幅，具体获取方式在此不详细列出，样式见图1.1。

```
RT Journal Article
SR 1
A1 张锐昕;
AD 吉林大学;
T1 电子政府概念的演进:从虚拟政府到智慧政府
JF 上海行政学院学报
YR 2016
IS 06
vo 17
OP 4-13
K1 电子政府;虚拟政府;信息政府;一站式政府;电视政府;移动政府;智慧政府
  Electronic  Government;  virtual  Governmen;  Information  Government;  One-stop
Government; TV Government; MobileGovernment; SmartGovernment
AB 在各国构建电子政府实践发展过程中，伴随着科技的进步、需求的增长、实践
的要求和政府的自觉，虚拟政府、信息政府、一站式政府，电视政府，移动政府、
智慧政府等一系列相关概念陆续应势应需应运派生出来，并有不同程度的进展。
理论界和实践界对这些派生概念在电子政府中的角色定位与功用担当多有分歧，
加之掺以各种误解误判，不仅干扰了派生概念各自前行，也在一定程度上制约了
电子政府发展。为澄清误解，消除干扰，需要梳理这些派生概念产生的缘由，并解析
电子政府与这些派生概念之间的关联与互动。总的说来，相关派生概念及其实践
进展发展了电子政府概念，并使电子政府概念得以不断演进。
SN 1009-3176
CN 31-1815/G4
LA 中文;
DS CNKI
```

图1.1　CNKI 单条数据记录格式

（一）研究阶段分析

对特定专业领域高水平论文产出和分布的统计分析，对了解当前政务大数据研究实力情况的重要指标，和让相关领域学者了解本专业发展情况，以及对于该专业领域的政策制定都具有很高的参考价值。而产出与分布的分析指标主要包含论文产量、论文被引次数、作者、机构等。通过对文献数量的描述统计，一方面能够直观看到该领域研究热点的时段变化与发展趋势，另一方面又能为阶段性研究成果的梳理和分析提供基本参照。

我国关于大数据与电子政务的研究始于 2002 年，高文献产出量说明研究热度不减。2002 年为电子政务的元年。2006—2007 年是第一个高峰期，也是电子政务发展的如火如荼时期。2012—2013 年是电子政务发展的另一个小高峰时期。尽管图 1.2 显示理论界对电子政务研究的关注趋于下降，但大数据技术的出现继续推起另一个新的高潮。

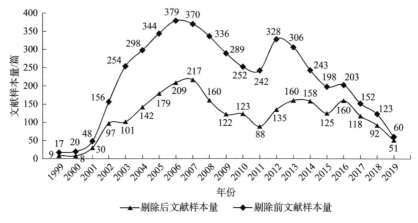

图 1.2　期刊文献样本年度分布图

（二）研究高频主题词分析

对文献的标题、关键词及摘要等进行词汇的提取和统计分析，可以识别特定领域的研究热点、主题分布和发展动向。

两个词汇次数出现得越多，则说明其关系越强；某个主题词出现的频次越高，则说明该领域的核心研究区域是围绕此主题词展开的。分析发现，"电子政务"成为高频主题词，其频次远远高于其他主题词。

根据表 1.1 高频主题词分布进行了直观的图像量之间的呈现（见图 1.3、图 1.4）。不同主题词对应的文献样本量与筛选出的高度相关文献样本高频主题词做了比较，结果基本趋于一致，基本上可以说明高度相关文献对于主题词的研究较为客观，能实现以小样本代替大样本做类似分析，进而可以验证本书所选的 CSSCI 期刊与核心期刊的样本是可以直观反映全样本的主题研究的核心区域。

表 1.1 高频主题词分布

主题词	文献样本量/篇	占比/%	高度相关文献/篇	高度相关文献占比/%
电子政务	2429	40.49	1335	28.86
电子政务建设	428	7.13	162	3.50
政府网站	283	4.72	123	2.66
电子政府	268	4.47	101	2.18
电子政务系统	223	4.19	86	1.86
政府上网	156	2.93	69	1.49
公共服务	136	3.15	99	2.14
信息资源共享	113	2.12	64	1.38
信息共享	112	2.11	64	1.38
政务信息	95	1.79	59	1.28
服务型政府	89	1.67	46	0.10
电子政务服务	87	1.64	77	1.66
政府信息公开	75	1.25	32	0.70
大数据	68	1.13	58	1.25
政务服务	65	1.08	61	1.32
政务微博	56	0.93	30	0.65
电子政务信息资源	112	1.87	76	1.64
政务信息	95	1.58	27	0.60
信息资源	77	1.28	23	0.50

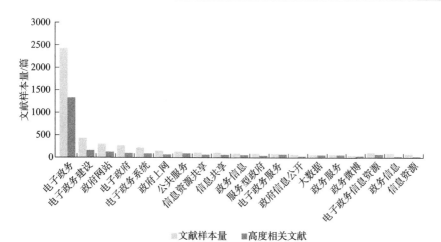

图 1.3 高频主题词文献样本量分布

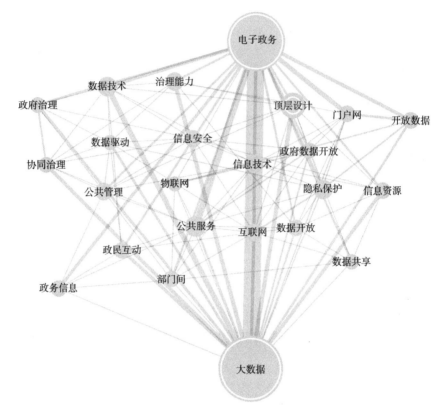

图 1.4　高频主题词网络关系

（三）高产作者、高产机构与课题立项分析

通过检索发现，吉林大学张锐昕的发文量高居第一，何振、王延章、胡广伟、罗贤春、高洁都是核心期刊和 CSSCI 期刊的高产作者，发文量均在 20 篇以上（见图 1.5）。同时，与立项国家课题量比较可发现，发文量与立项国家课题量有着高强度的关联。张锐昕、何振、高洁都曾立项 3 项国家课题，这与其对研究主题的深入有极其密切的关系（见表 1.2）。具体课题名称与立项时间、立项类型见表 1.3。

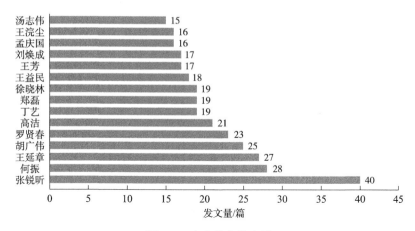

图 1.5　高产作者发文量

表 1.2　高产作者发文分布与课题立项情况

作者	发文量/篇	所属单位	发文年份	课题立项/项
张锐昕	40	吉林大学	2000—2018	4
何振	28	湘潭大学	2005—2014	3
王延章	27	大连理工大学	2004—2009	0
胡广伟	25	南京大学	2008—2018	0
罗贤春	23	宁波大学	2044—2011	1
高洁	21	天津师范大学	2005—2017	3
丁艺	19	国家行政学院	2013—2017	0
郑磊	19	复旦大学	2011—2016	0
徐晓林	19	华中科技大学	2002—2019	3
王益民	18	国家行政学院	2013—2017	0
王芳	17	南开大学	2005—2018	1
刘焕成	17	郑州航空工业管理学院	2003—2013	2
孟庆国	16	清华大学	2006—2018	2
土浣尘	16	上海交通大学	2001—2008	0
汤志伟	15	电子科技大学	2005—2019	2
樊博	13	上海交通大学	2006—2018	2
罗贤春	13	吉首大学	2004—2011	0
刘邦凡	12	燕山大学	2008—2019	3（但并非此领域课题）
仲伟俊	12	东南大学	2003—2014	0

作者	发文量/篇	所属单位	发文年份	课题立项/项
李章程	12	湖州师范大学	2005—2013	0
王立华	12	西安交通大学	2005—2019	1
覃正	12	西安电子科技大学	2005—2007	0
杨道玲	11	国家信息中心	2008—2017	0
刘密霞	11	国家行政学院	2014—2016	0
王铭	11	苏州大学	2003—2011	0
孙宇	10	北京师范大学	2004—2016	1
叶鑫	10	大连理工大学	2005—2018	0
张会平	10	电子科技大学	2009—2019	2
白庆华	10	同济大学	2004—2013	0
张毅	10	华中科技大学	2010—2016	0

表 1.3　高产作者立项情况

立项人	立项年份	立项课题名称	立项类型
张锐昕	1996	行政管理在实现办公自动化过程中的问题与对策研究	青年项目
	2000	政府上网与行政管理变革和发展	青年项目
	2003	网络时代的政府职能转变问题研究	青年项目
	2013	电子政府构建和运行的保障体系研究	重点项目
高洁	2005	基于知识管理思想的电子政务信息资源共享体系研究	一般项目
	2013	基于公共视角的政府电子信息服务质量评价与优化	重点项目
徐晓林	2002	信息化与公共组织结构变革研究	一般项目
	2008	网络舆情突发事件预警机制研究	一般项目
	2011	国家政治安全视角下的互联网虚拟社会风险治理研究	重大项目
孟庆国	2005	电子治理的政治学基础、主体关系和能力构建	一般项目
	2015	意识形态视域下的网络文化安全治理研究	重大项目
汤志伟	2010	网络空间的群体行为规律及政府治理研究	一般项目
	2016	风险感知视角下邻避冲突中群体行为演化与治理对策研究	一般项目
王芳	2014	我国网络社会治理研究	重大项目
樊博	2007	跨部门政府信息资源共享的动力机制、推进方法与实证研究	青年项目
	2014	重大灾害时空规律及灾备资源布局的统计学研究	重大项目
王立华	2013	政府信息公开提升公众信任的机制研究	青年项目

立项人	立项年份	立项课题名称	立项类型
孙宇	2018	网络综合治理体系的战略建构及运行机制研究	一般项目
张会平	2012	协作知识建构视角下虚拟社会管理创新研究	青年项目
	2017	大数据驱动的公共服务跨层级联动创新研究	一般项目
安小米	2013	国家数字档案资源整合与服务机制研究	重大项目
何振	2003	电子政务信息资源的共建与共享研究	一般项目
	2008	地方政府应对重大自然灾害对策研究	重点项目
	2016	重大突发事件社会舆论演化规律及应对策略研究	重点项目
罗贤春	2007	基于社会化服务的电子政务信息资源共享研究	青年项目
刘焕成	2005	基于电子政务信息资源管理的社会突发事件应急信息系统建设	一般项目
	2015	重大突发事件网络舆情的信息引导和处置策略研究	一般项目

通过对高产学者张锐昕的分析可知, 2012 年当年发文量最高为 9 篇 (见图 1.6), 同时单篇被引次数最高达 62 次。从这些数据也可以看出当时学界对电子政务研究保持在一个高度热情状态。

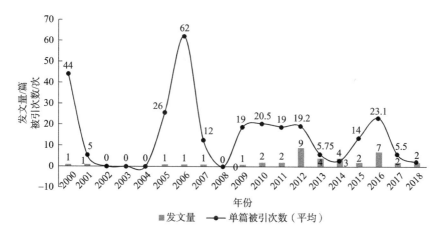

图 1.6 高产作者张锐昕发文时间分布

根据检索可知, 关于电子政务大数据这一主题研究的高产机构高居前五的是武汉大学、中国人民大学、华中科技大学、南京大学、吉林大学 (见图 1.7), 这些高产机构也是高产作者所在单位。重要影响力作者发文量年度分析见图 1.8。

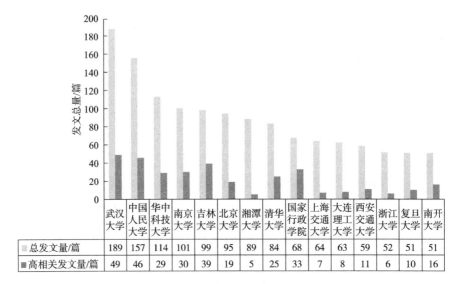

	武汉大学	中国人民大学	华中科技大学	南京大学	吉林大学	北京大学	湘潭大学	清华大学	国家行政学院	上海交通大学	大连理工大学	西安交通大学	浙江大学	复旦大学	南开大学
总发文量/篇	189	157	114	101	99	95	89	84	68	64	63	59	52	51	51
高相关发文量/篇	49	46	29	30	39	19	5	25	33	7	8	11	6	10	16

图 1.7　高产机构发文量

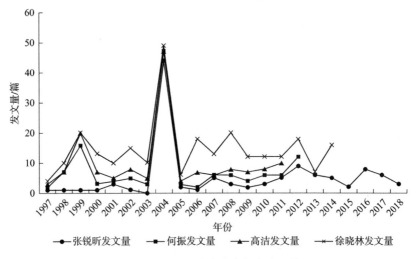

图 1.8　重要影响力作者年度发文量

(四)学科类别与研究层次分析

为进一步分析相关论文发文期刊，以被引次数作为衡量论文质量的选择条件，被引次数超过 400 次的论文有三篇，作者分别是卓越、宁家骏、张成福，分别发表在《中国行政管理》《电子政务》《中国人民大学学报》

（见表1.4）。而检索结果表明，《电子政务》《情报杂志》《中国行政管理》《情报科学》《现代情报》是电子政务大数据主题论文主要的发表期刊（见图1.9）。

表1.4 期刊高被引文献基本信息

文献名	作者	期刊名	发表年份	被引次数/次
公共部门绩效评估的主体建构	卓越	中国行政管理	2004	529
"互联网+"行动计划的实施背景、内涵及主要内容	宁家骏	电子政务	2015	528
电子化政府：发展及其前景	张成福	中国人民大学学报	2000	412
互联网给民主带来的机遇与挑战	郑曙村	政治学研究	2001	296
信息时代政府治理：理解电子化政府的实质意涵	张成福	中国行政管理	2003	246
中国政府信息化与电子政务	汪玉凯	新视野	2002	196
基于云计算的电子政务信息资源共享系统建设研究	吕远智	情报理论与实践	2010	151
电子政务的发展与对策	杨世运	中国科技论坛	2001	151
电子治理：电子政务发展的新趋势	王浦劬	中国行政管理	2005	134

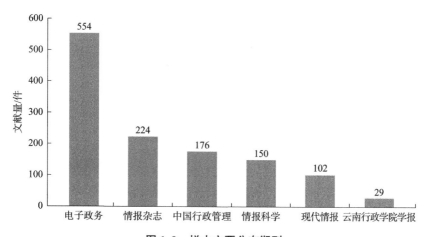

图1.9 样本主要分布期刊

《电子政务》是国内首家大型综合指导性的电子政务专业期刊。它着眼于数字时代中国政府公共管理和政府未来发展，致力于探讨中国电子政务发展的道路和模式❶，着力推进国家信息化和中国电子政务进程。因此，本书在中文文献数据样本的采集上以其作为重要样本源之一。《电子政务》期刊创刊于 2004 年，但大量刊发电子政务主题论文则始于 2012 年，特别是 2013 年大数据元年人们对电子政务的研究产生了转折性变化，之后大数据相关研究兴起。

电子政务研究主题在《电子政务》期刊年度发文量在 2012 年达到最高峰，后发文数量逐年下降，在一定程度上说明学者对电子政务研究关注的热情是有所降低的（见图 1.10）。但大数据相关研究在《电子政务》期刊年度载文量呈现逐年上升态势（见图 1.11），（2019 年属于未完全统计，可忽略其趋势）。综合二者得知，大数据与电子政务的趋势成反比，学者会因大数据研究的兴起而颠覆之前对电子政务的传统认识，以及大数据新力量的加入而颠覆传统电子政务的认知，重新对电子政务加以研究。因此，只专门研究电子政务的论文反而在数量上有所下降。

图 1.10　电子政务相关研究在《电子政务》期刊年度发文量

深入了解大数据与电子政务的研究现状，可重点分析大数据与电子政务学术关注度指数与媒体关注度指数两个指标。大数据与电子政务学术关注度指数代表了学术界对大数据与电子政务的关注度，大数据与电子政务的文献

❶　纪雪梅,王芳,王颖.电子还是政务？——《电子政务》期刊计量分析[J].图书情报工作网刊,2012(5):50-57.

发文量是成反比的，当电子政务的研究趋于下降时，大数据的研究却掀起了另一个高潮（见表1.5）。大数据与电子政务的媒体关注度指数代表了媒界、政界的关注度，其趋势与学术关注度指数高度一致，说明了学界、媒界、政界有着内在逻辑的统一性（见表1.6）。

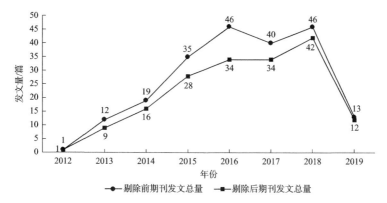

图1.11　大数据相关研究在《电子政务》期刊年度发文量

表1.5　大数据与电子政务学术关注度

年份	电子政务文献量/篇	电子政务环比增长率/%	大数据文献量/篇	大数据环比增长率/%
1999	24	0	7	−46
2000	19	−21	9	29
2001	169	789	6	−33
2002	947	460	12	100
2003	1972	108	28	133
2004	1964	0	26	−7
2005	1858	−5	45	73
2006	1764	−5	40	−11
2007	1755	−1	37	−7
2008	1893	8	35	−5
2009	1507	−20	38	9
2010	1349	−10	49	29
2011	1166	−14	82	67
2012	1089	−7	646	688
2013	1085	0	3247	403
2014	1046	−4	7551	133
2015	954	−9	12532	66

年份	电子政务文献量/篇	电子政务环比增长率/%	大数据文献量/篇	大数据环比增长率/%
2016	902	−5	17559	40
2017	779	−14	21126	20
2018	678	−13	25083	19

表 1.6　大数据与电子政务媒体关注度

年份	电子政务文献量/篇	电子政务环比增长率/%	大数据文献量/篇	大数据环比增长率/%
2001	81	913	3	0
2002	526	549	4	33
2003	721	37	4	0
2004	744	3	6	50
2005	534	−28	5	−17
2006	720	35	2	−60
2007	706	−2	1	−50
2008	528	−25	2	100
2009	412	−22	5	150
2010	358	−13	11	120
2011	328	−8	69	527
2012	269	−18	420	509
2013	228	−15	1612	284
2014	205	−10	3384	110
2015	229	12	5394	59
2016	138	−40	6451	20
2017	154	12	7293	13
2018	179	16	6715	−8

（五）作者网络关系分析

在作者网络关系中，节点是作者，而节点与节点之间的连线表示节点间的共现关系。

《电子政务》期刊高产作者以徐晓林、杨道玲、陈涛、马亮、于施洋、王璟璇、郑磊、郑跃平等为主（见图 1.12），这几位作者同时也是电子政务研究领域的高产学者（其合作最大子网络见图 1.13）。这进一步验证了《电子政务》期刊在电子政务领域学术地位的重要性。

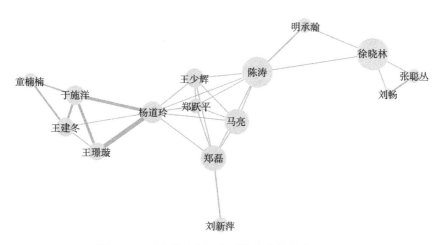

图 1.12 《电子政务》期刊作者合作最大子网络

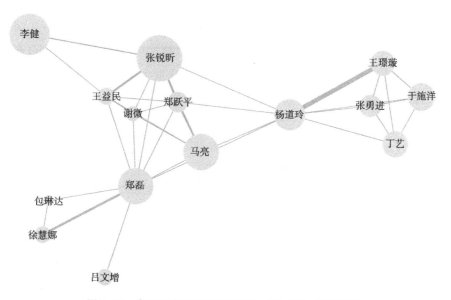

图 1.13 电子政务研究领域高产作者合作最大子网络

网络关系节点间的紧密程度、节点的大小与位置，可以展现研究主题的核心学者关系网络，包括成熟度、研究规模、合作关系等。节点越大越处于中心位置，表明该学者为核心人物。综合比较图 1.12、图 1.13 可以看出，徐晓林、陈涛、杨道玲、于施洋处于《电子政务》期刊作者网络关系的中心位置；张锐昕、李健、郑磊、杨道玲又是该刊物的高产作者的核心人物，其节点面积明显大于其他节点。另外，有些学者虽然处于边缘地带且节点面积较小，但是其研究思想和观点也对该领域有着重要影响。

二、已有研究成果内容

进入新时代，我国政府高度关注电子政府、智慧政府、数字政府建设。2015 年发布的《促进大数据发展行动纲要》，将数据定性为国家基础性战略资源。2017 年，习近平总书记强调，要运用大数据提升国家治理现代化水平，实现跨层级、跨地域、跨系统、跨部门、跨业务的协同管理和服务。❶对电子政务大数据的研究一跃成为学界关注的焦点问题。

大数据视角下，技术扩散如何高效解决复杂的政府业务和社会治理问题？这个问题的答案不仅会影响大数据的产出，还会影响整个政务服务实践过程乃至目标的实现。

从国内研究看，相关研究集中在以下方面：一是基本内涵研究。国内真正开展政务大数据研究始于 1993 年，"大数据共享联盟"（由国家自然科学基金会成立）以搜集和展示大数据的研究开发为主。于施洋等认为，政务大数据是指政府推动大数据应用发展的过程或大数据在公共服务领域的应用实践。❷高小平指出，政务大数据已经成为提升政府治理能力、重构公共服务体系的新动力、新途径。❸二是典型案例分析。不同学者从区域和领域两个方面着手，一方面围绕国内成立大数据管理局的广东省、上海市、北京市、贵州省、重庆市等地的政府数据资源建设情况进行了多方位、多角度的深入分析，探索有益经验；另一方面针对特定的应用领域，如来自交通卫生领域、社会稳定风险评估、公共服务智慧化供给、大数据驱动的精准扶贫和旅游预测等进行分析。三是应用路径分析。为推进政务大数据发展和应用，季飞等指出，通过关联比对同一对象的不同数据和信息在反

---

❶ 中共中央党史和文献研究院. 习近平关于网络强国论述摘编［M］. 北京：中央文献出版社，2021：21.

❷ 于施洋. 国内外政务大数据应用发展述评：方向与问题［J］. 电子政务，2016（1）：2-8.

❸ 高小平. 借助大数据科技力量寻求国家治理变革创新［J］. 中国行政管理，2015（10）：10-14.

贫困治理模式中实现精准治理和服务；❶ 周雅颂指出，从我国第一个省级政务数据平台"云上贵州"的建设现状来看，其存在着明显的"条块分割"和"数据孤岛"现象，并未实现政务数据的"聚通用"。❷ 四是平台建设研究。陈涛等指出，应从数据开放范围、数据质量、协调力度和用户需求四个方面进行平台建设。❸ 郭明军等强调，政务数据与社会数据对接要在种类数量、对接程度、应用领域、价值实现方面不断融合，从数量维度和价值维度找到四种模式。❹ 杜超等初步设计了政府大数据平台的基本框架和建设路径。❺

从国外研究看，其研究更多从"整体性"视角反思政务大数据开发利用。2012 年，美国正式发布了《大数据研究和发展倡议》（*Big Data Research and Development Initiative*）。❻ 这标志着大数据已经上升为美国计算服务领域的国家战略。随后，英国、日本、新加坡、加拿大、韩国等国家纷纷推出了以开放、融合、创新为特征的新一轮信息技术革命推进政策。❼ 国外学者对政务大数据的研究主要集中于以下几方面：一是技术采纳对数字政府公共治理的影响。有学者指出，从公共价值视角看，电子政府的各项活动对某些公众成员价值是有增损影响的。❽ 另有学者指出，去中介化的数

❶ 季飞,杨康.大数据驱动下的反贫困治理模式创新研究[J].中国行政管理,2017 (5):53-58.

❷ 周雅颂.数字政府建设:现状、困境及对策——以"云上贵州"政务数据平台为例[J].云南行政学院学报,2019,21(2):120-126.

❸ 陈涛,李明阳.数据开放平台建设策略研究——以武汉市政府数据开放平台建设为例[J].电子政务,2015(7):46-52.

❹ 郭明军,王建冬,安小米,李慧颖,张何灿.政务数据与社会数据平台化对接的演进历程及政策启示[J].电子政务,2020(3):32-39.

❺ 杜超,赵雪娇.基于"政府即平台"发展趋势的政府大数据平台建设[J].中国行政管理,2018(12):146-148.

❻ 于施洋,王建冬,童楠楠.国内外政务大数据应用发展述评:方向与问题[J].电子政务,2016(1):2-10.

❼ 于施洋,王建冬,童楠楠.国内外政务大数据应用发展述评:方向与问题[J].电子政务,2016(1):2-10.

❽ MACLEAN D,TITAH R. A systematic literature review of empirical research on the impacts of e-government: a public value perspective[J]. Public administration review,2022,1:82-86.

字技术更有利于弱势群体和政府之间的沟通与反馈，公共管理者以共同生产的方式提供数字服务为创新策略。❶ 二是数字化和数字技术改变了服务主体间的关系。有学者指出，"平台型政府"作为一种数字时代的政府运行新形态，包括两个至关重要的部分：基于平台整合数据和信息并向公共和私人部门公开；基于平台提供快速演化的智能服务。❷ 还有学者提出，公共组织为保持公众信任，构建社会相互关系框架，主要包括背景、问题建构、知识流动和编组四大要素。❸ 三是大数据技术对公共组织结构的影响。有学者明确指出，可引入公共部门中"人工智能成熟度"到运用技术—组织—环境分析框架中进行分析。❹ 此外，还有学者认为，在数据治理中，政府既可能是数据提供方，也可能是数据需求方。通过考察正式的程序性协调、正式的非程序性协调和非正式协调三种机制，从地方政府部门不同类型的利益相关者那里获取数据的调节效应。❺

国内外对电子政务大数据展开的多方面的研究，有一定的开拓性和创新性，为进一步研究奠定了初步基础。政务大数据是在大数据技术发展的推动下出现的客观现象，而且其重要性越来越凸显，对政府完善治理体系和提升治理能力的影响越来越大，成为国家治理中的重要研究议题。同时，由于政务大数据的研究主要集中在近二十年，研究时间并不长，很多研究内容还有充分展开的空间。

❶ MATTHEW M. The impact of technological innovation on service delivery：social media and smartphone integration in a 311 system[J]. Public management review，2022(6)：24.

❷ KIM S，ANDERSEN K，LEE J. Platform government in the era of smart technology[J]. Public administration review，2022(3)：101−113.

❸ KOSKIMIES E，KINDER T. Mutuality in AI−enabled new public service solutions. Public Management Review，2022(6)：219−244.

❹ NEUMANN O，GUIRGUINA K，STEINER R. Exploring artificial intelligence adoption in public organizations：a comparative case study[J]，Public management review，2022(3)：93.

❺ FUSI F. When local governments request access to data：power and coordination mechanisms across stakeholders[J]. Public administration review，2020(1)：81−89.

三、已有研究成果存在的不足

总的来说，已有研究虽然有很多可圈可点之处，但是随着研究的推进和深入，还存在一些不足。

一是研究内容的深度有待发展。政务大数据的内涵与外延随着理念、思维和技术的提升，研究的内容、广度、深度和范畴都与先前有很大不同。研究尚处于"摸着石头过河"的状态，制约其向纵深发展。

二是学科研究界限有待打破。政务大数据说到底是政民关系，上升到理论高度是统筹综合利用，上升到实践层面是治理有用有效，但是当前研究却少见以交叉学科对其进行多领域、多角度、多层次的考察。没有打破学科的边界，就没有突破，也就彰显不出实际价值和贡献。

三是对策研究多片面性，缺少战略统筹站位。有些对策仅对某一领域、某一地区有效，但是不具有普遍性；有些对策是局部的，没有在顶层设计指导下统筹，导致重复建设，系统间对接困难。

四、研究意义和创新之处

（一）研究意义

在大数据时代，数据是一种战略资产，堪比能源、货币。各国政府所掌握的政务数据对本国而言有着极其重要的战略意义。政务大数据作为国家战略性资产进行管理，协调好差异性和互通性是联通互动的关键。然而，战略意义并不在于掌握庞大的数据，而在于通过深加工实现数据的"增值"，专业化的深加工能力影响着其战略作用的发挥。

大数据技术的出现与发展为政府履职提供了坚实的技术保障。一方面，大数据时代是共生的时代，数据重塑了人与人的关系，政民关系被重塑为赋能赋权型。赋能与服务不仅是高维的、全方位的、深度动态的，更是共生的、共赢的、共进化的新形态。另一方面，私人领域与公共领域的边界渐趋模糊和交错，人们表达利益诉求的多元化和碎片化伴随着非结构数据的复杂多变，恰恰将政府推向了整合职能、重构权力的风口上。

大数据作为一种复杂性技术、一种战略性资源、一项基础性制度和一种基础设施，倒逼电子政务摆脱原有路径依赖和约定俗成的"上级供给"模式，逐渐朝多元化、精确化、灵活性、个性化方向迈进。以往的条块掣肘、部门分割管理模式，使政府高层很难随时直接看到基层弊端，环境的不确定性和动态性进一步增加了最优决策的实施难度，亟须找到新的理论工具与研究方法。

大数据技术是政务大数据迭代升级的基本依据，也是推动电子政务不断发展的核心条件。通过大数据技术分析公众的"数据脚印"，突破了原有的单一的工具取向，对政府部分职能、管理方式、部门设置、内部的运作程序、行政方式、组织架构方式等进行全方位的革新和优化。

政务大数据的核心作用在于它用一种新型的技术手段弥补了传统电子政务，发挥出更大范围与更大程度的治理新效能。"信息化的本质是权力的再分配。"[1] 大数据技术的引入，将改变电子政务的"系统之用"和整体建构相对滞后的样态，推进其健康发展并更加适应社会和环境的变化，呈现良性循环态势，成为决策与策略生成的平台。它不仅是推进智慧政府建设与发展的基础性力量，也成为国家核心竞争力的重要组成部分。

政务大数据以提升存量数据的增量优势为治理赋能。全面掌握推进组织发展的期望，寻找恰当的切入点及可拓展延伸的技术，就顺理成章地成为当下各地大数据管理中心面临的一道紧迫的难题。同时，识别、处理、解决大数据管理和应用过程中产生的各种矛盾和问题，也是需要深入探讨的重点之一。厘清政务大数据范围与边界是首要的，进一步增强政民主体在无边界政务服务中的关系黏性，有助于弄清数据治理内涵。

（二）创新之处

大数据不仅是一场技术变革，更意味着一场社会变革。但它又不是一般意义上的社会变革，而是涉及全球范围的经济、政治、社会、思想、文化和心理等方面，特别是公共管理与公共服务领域的变革。将大数据作为影响因素和分析变量引入政务领域，尽管并未改变以人为本的政务本质，

❶ 宋玮.信息窄化影响探究［D］.哈尔滨：黑龙江大学,2014：8.

但由于在研究过程中视角和理念发生变化，也就改变了政务大数据的服务方式、范围和效率。

政务大数据使政府治理迈向"数据驱动""数据决策""事前预警"，从事后走向实时和瞬间、从静态走向动态和高速、从粗略走向精准和完备，成为克服政府差异化管理、精准化施策的利器。人们总是试图通过数据分析获取信息，引入约束条件来掌握解释，并揭示影响物质世界和精神世界多种复杂现象及内部的某些可识别规律。通过对有意义的数据加以整理，打通数据通向信息的通道，加工、挖掘出具有关键作用的要素，忽略表面或暂时的无关因素，进而呈现现实世界中事物的行为特征、动力来源、关键条件和因果联系。

然而，对政务大数据的挖掘与利用并不是单独某个领域、行业内部的事情，需要以电子政务的变革为基础，以实现国家治理现代化为宗旨。变革的方向要依政务发展的不同阶段、观照政务服务的差异、关注政务服务主体的不同需求而定。政务大数据的变革理应强调整体关联与动态平衡，就是要变革其发展过程中一切不合理、不适当的成分，寻求消解现有政务服务秩序中存在的不足，打破时空边界，以提升并延长政务数据的生命全周期。这一切又受政务事业价值取向和与之相关的人、事、物的时空环境影响，而涉及的主体客体环境的时空压缩或时空延伸要涵盖其间。因此，将政务大数据置于新的时空社会学框架下进行研究，成为本书的创新之处。

第三节 相关概念

一、核心概念界定

（一）大数据概念的渊源追溯

尽管"大数据"已成为近几年"炙手可热"的研究议题，但追其根源，该词最早出现于天文学和基因学等研究领域。早在 30 多年前美国学者泽莱尼（Zeleny）就提出了大数据（Big Data）的概念，那时的"大数据"主要是指数据的价值大，而非体量庞大。而现代意义上的大数据概念却是被英特尔公司的迈克尔·考克斯（Michael Cox）首次提出。当时间跨越 2004 年，各种"大数据"概念流行、移动设备"井喷式"应用，人和物的所有轨迹都可以被记录下来，随着物联网、云计算、云存储等技术日渐成熟，现代意义上的大数据在 2013 年正式登台入场。

当前大数据正处于方兴未艾之际，人们对"大数据"的定义尚未达成公认的概念。每个人对大数据感知不一样，给出的定义也不尽相同。大数据对人类社会的影响可能是裂变式的、全方位的。这种影响究竟有多大，我们还无法准确预测。正如加里·金所说："这是一场革命，我们现在做的只是冰山一角，但是由于庞大的数据新来源而带来定量化方法，将横扫学界、商界和政界，所有领域都将被触及。"❶

大数据的两层内涵，一个是"大"，另一个是"数据"。第一层含义是海量数据的总称，是一个总结性的概念，指的是数据的量级非常大；第二层含义是一种新型的能力，指的是对数据的全样本分析得出数据的性质、规律、趋势等。这是通过先进信息技术，对海量数据深度开发、结构重组和交叉复用共享数据资源，不断获取、分析、挖掘数据价值的数据处理方法和过程。它具有大规模、多样性、时效性和价值性的显著特点。

大数据的本质还是数据，数据的价值在于流动。从数据的内在属性上看，一部分人对数据的使用不会影响另一些人对数据的再利用，即便一些人从数据中受益并不会影响其他人再次受益，受益对象之间不存在利益冲突。数据的价值并不会因为使用而损耗或递减。这是因为，一般的物质和资源都具有衰减性，数据的特殊性在于它的复用性。它不仅是一种新技术或资源，还是一种新的、重要的认知与思维方式。

大数据的价值在于借助互联网与信息技术重构政务大数据的核心组织和关键部件，通过交叉复现，展示事态真相。交叉复现这种共享利用方式提高了政府的科学决策能力。由于大数据同数据一样具有数据共享的天然本性，数据并不会因为被某一特定主体收集、占有就无法供其他人收集和

---

❶ 大数据治国战略研究课题组. 大数据领导干部读本［M］. 北京：人民出版社，2015：56.

占有，不同人可以同时在不同的地点以不同方式加以收集和占有，也不会因为部分人的使用影响或减少其他人的使用。数据共享的天然本性突破了分享范围的有限性，产生不同的增值服务或衍生应用，虽然不能改变数据资源的历时分享性，但不因共享而损耗，还可能随着共享范围的扩大激发出更多的能量，充分展现共时性、共享性。

（二）政务大数据

政务大数据的概念有广义和狭义之分。狭义的定义认为，政务大数据是由政府及其承担相关行政职能的事业单位及其他公共部门，借助电子政务平台在依法履职的过程中汇聚、沉淀的数据。在数字联结的社会，私人生活与公共生活边界不再清晰，数据收集和业务流程不再局限于某一政府部门的职能范围。

广义上讲，大数据是指凡是按自然逻辑和社会逻辑沉淀的、能为政府所开发利用的数据，具有生产要素价值，以电子形式记录的原始性、可以被机器读取的数据，包括大数据技术、大数据资源和大数据产业在内。这三个部分是整体的，紧密相连，不可分割，但又各不相同。大数据技术指采集、获取、汇聚、处理数据的技术总称，包括数据的采集、数据预处理、数据库、数据仓库、分布式存储、并行计算、机器学习和可视化等。大数据资源指的是数据本身，其作为一种生产要素存在。大数据产业指的是利用大数据技术作用于大数据资源，解决数据开发问题的相关产业。

政务大数据是公共管理和服务机构在履职过程中采集和掌握的公共数据。公共数据包括基于法定职权采集产生的个人信息。这些个人信息不能等同于个人数据，因为它并非基于"知情同意原则"获取的，这就有必要遵循合法、正当和够用原则。政府根据职能权限对这些政务大数据既能行使管理权和控制权，也可根据公共利益提取、分类并整理出社会数据、网络数据蕴藏着的政治、经济、社会、文化、科学方面的价值。鉴于此，本书的政务大数据是指广义上的概念。

尽管政务大数据的本质是大数据，但与一般大数据又有着明显的区别。

一是价值密度不同。一般大数据的价值密度低，而政务大数据的价值密度要远高于一般大数据。它不仅涉及政府内部信息和个人隐私，还纳入了感知数据、社会数据、互联网数据，反映了社会方方面面的发展状态与趋势。政府部门获取大数据的障碍小于其他领域，拥有高效配置和整合开发政务大数据资源的能力和水平。

二是应用领域不同。一般大数据不限于某个具体领域、行业、系统，虽范围广，但利用程度较低，发挥的社会价值有限。政务大数据的数据主体是政府，横跨安全、经济、金融、交通和教育等多个领域。政务大数据是政府盘活数据资产进行科学决策的基础。

三是内涵价值不同。一般大数据的范围要大于政务大数据，与对象行为、事件感知、分布特征缺乏直接联系。政务大数据是大数据的一种特殊类型，用来表示政务事项在时间、空间和属性三个方面的固有特征，具有多源异构高噪性和复杂性，内涵价值远高于一般大数据。

(三) 时空大数据

政务大数据是特殊的时空大数据。时空大数据是数据的一种特殊类型，是用来表示空间实体在不同时间段内（过去、现在、未来）的地理位置、分布特征、行为轨迹等方面的多维数据。换言之，它是基于统一时空基准、运动变化在时间、空间中与位置直接或间接相关联的大规模海量数据。它揭示了几乎所有大数据都在一定时间和空间中产生，是现实地理世界空间结构与空间关系各要素（现象）的数量、质量特征及其随时间变化而变化的数据集的"总和"。

时空大数据除了具有一般大数据的特征，还具有与对象行为、事件对应的多源异构性和复杂性，包括对象、过程、事件在时空、尺度、对象和语义等方面区别于其他数据的标志性特征。在社会发展中，时空特性的统一性体现在时间的连续性和空间结构的稳定性上，时间的连续性表现的不单单是线性的连续性，还有非连续性、断裂性、非确定性和风险性。时空大数据几乎80%的数据均直接或间接具备时空属性，政务大数据也不例外。

时空大数据改变了一般大数据的应用场景，从事后走向瞬间和实时、从静态走向高速和动态、从粗略走向精准和完备、从区域走向全面。它同时具有时间和空间维度的双重特性，是一种结构复杂、多层嵌套的大数据，准确记录了事物的空间位置和时空变化过程。为提高海量时空数据处理分析的计算效率，在进行传统空间分析算法并行化改造时，需要对空间数据划分、高效协同计算、计算结果自动合并等技术进行重点突破。

大数据的时空价值依然在于数据流动。其与政务大数据一样具有海量数据规模、快速数据流转、多样数据类型和价值密度高的特点。由于应用范围日益广泛，在内部开放与外部共享、过去经验与实时动态、组织内部与自组织流动的相互连接过程中，大规模数据带来了意想不到的宏观效应和微观效应。对政务大数据的时空研究，有助于提炼出建立在具体情景和目的基础上的有意义的数据，妥善进行数据治理。

二、几对概念的区别与联系

（一）电子政务与政务服务

电子政务与政务服务是不是同一回事？各自是如何界定的？二者的区别和联系是什么？

电子政务的发展从办公自动化系统建设起步，通过信息技术与数字网络的更新发展，政府行政机关和相关公共组织机构的组织结构得以优化重组，业务处理流程实现变革。它依附现实政府而存在，侧重服务供给，更多以在线服务方式完成政务流程。电子政务并不单纯是政务的电子化，其内涵更加丰富、深刻。

政务服务顾名思义包含"政务""服务"两个基本内涵。政务就是关于政治方面的事务，指国家的管理工作，既包括政府的内部事务，也包括政府的对外公共服务。服务就是为满足他人需求的一系列活动。政务服务是为了实现政府的施政目标，其核心是服务，正经历着"以部门为中心"向"以用户为中心"的转变，和从"以管理者为本位"向"以服务对象为本位"的转变。

本书中的政务大数据统指与政府相关联的开展政务服务、电子政务过程中积淀的数据，与政府施政相伴相生。政务大数据使政务服务在形式上摆脱了原有的固定的地理空间和时间限制，形成了"人随数走""数随人走"的高效关联结构，组织结构不再固定，组织界限越来越模糊，参与方的组合也是动态的，为新型空间发展提供有效治理。

（二）电子政务与公共服务

公共服务是政府根据公众关注的热点、对服务的需求和对社会治理的意见，不断调整工作策略，为全社会提供公共产品和服务。其以公民的需求为导向，逐渐融合政府的公共部门、公用事业单位、商业服务、民生服务等，包括提供业务受理、督查督办、处理意见、信息反馈、跟踪回访等便民的公共服务。

电子政务作为公共服务的一种特殊的"商品"，其在线服务方式、用户认知模式与互动模式，都与线下公共服务具有高度的统一性、一致性。电子政务在一定程度上可以认为是政府行为的产物，政务大数据又是政府进行社会治理和公共服务形成的数据资产。

公共服务与电子政务既有交叉，又有不同。二者的服务对象都是人民群众，服务主体都是党和政府，服务内容都是以民生领域的公共交通、公共安全、公共卫生等为主要内容，有政府内部的服务，也有政府对外的服务。但二者的范围、方式又有所不同。公共服务一般是线下服务，是面对面的服务；电子政务主要指线上服务，是隔着屏幕的服务。

（三）政务服务与公共服务

公共服务是政府为满足"人的全面发展"需要所提供的生存型公共服务和发展型公共服务，无论是哪种类型的公共服务，都面临着资源有限性与需求无限性的矛盾，以政府对外服务为主要内容。

政务服务并不完全等同于公共服务。公共服务以人民群众为主体，而政务服务还包括政府对内服务，范围要比公共服务大。这并不是说政务服务比公共服务更重要，而是政务服务涵盖公共服务，其重点是公共服务，是以提供高质量的公共服务为主要内容，以满足人民日益增长的美好生活需要为服务动力。

（四）电子政务与智慧政府

智慧政府是以跨部门整合、数据共享为核心，是电子政务发展的高级阶段。其旨在提高公共服务效率和质量，提升公共服务供给能力，建成服务型政府。智慧政府是为了智慧性地实现公共服务，满足人民群众对公共需求的期望，是与电子政务的发展一脉相承的。电子政务在发展的初级阶段，即便引入了数字化、信息化，仍然没有摆脱传统的人力密集型工作方式，还要依靠人力处理相关工作。

智慧政府是"服务型+智能型"政府，秉承"公开透明"与"高效服务"的理念，鼓励公众把各种利益诉求反映给政府，政府以最快的速度提供最优质的服务，要求政府的一切行政行为要让公众知情，并对其进行监督。智慧政务作为电子政务发展的高级阶段，是为了推动政务服务实现服务、管理、治理的协同跨越式发展。

智慧政府和智慧政务在业务流程上并没有特殊的区别，其本质就是引入智能技术，内化为政府自身的能力。未来的智慧政府将大数据和国家治理结合起来，更加注重人在与信息、空间的交互中的主体作用，不仅能把"此处与彼处"快速连接起来，还将现实世界与虚拟空间进行连接。

三、逻辑依据和理论基础

任何一个学术问题研究的提出与展开，都不可能凭空构想，必须建立在相应的理论基础上。理论以问题为导向，给予问题初步的回答，根据学理内在逻辑支撑起学术研究的大厦。理论基础的累积，是逻辑脉络的发源，是破解现实问题的"金钥匙"。事实上，供给是为满足需要而产生，有需求才有供给。理论供给为运用理论解决现实问题提供全过程、全方位的理论选择和理论服务，是一个系统的动态过程。

政务大数据是大数据时代的实践，离不开理论供给。对政务大数据的研究，离不开其构筑的理论基础，必须对其相关支撑理论进行分析、解释，明确此研究遵循的理论逻辑和思路。

（一）整体性治理理论

新公共理论发起于20世纪70年代末80年代初，其核心理念是引入市场竞争机制。它曾作为替代传统官僚制的管理范式，主要遵循经济学逻辑，在西方国家政府改革中一度发挥很大作用。但是由于过分强调效率与竞争，破坏了各部门之间的合作与协同，这种理论造成了部门间目标冲突、重复投入、各自为政等问题。实践的发展冲击了新公共管理理论。

整体性治理理论是由新公共理论发展而来，是对新公共管理的进一步修正和延展。它强调协调，有别于管理或统治，是一种联合行动的过程。这一时期的公共服务随着西方国家现代工业快速发展有了新的需求和要求，原有官僚体制的弊端日益凸显，低下的行政效率和非科学化的运作方式越来越无法满足现代公共服务。信息技术的应用和发展不仅要求解决政府机构碎片化的问题，还要求政府管理重归整体。●

最早提出整体性治理理论的学者是安德鲁·邓希尔。他的文章《整体性治理》对官僚体制所带来的弊端提出控制，以期达到善治的效果。之后英国学者佩里·希克斯在 1997 年《整体的政府》一书中指出，整体性治理的治理机制是以协调、整合为根本的，主要把治理层级、治理功能、治理的信息系统等方面整合形成一个整体。为了实现政府的公共目的，达成合作各方一致性的目标与要求，整体性强化信息技术的运用并优化整合策略，但应对千变万化的整体性治理环境却难以给出具体应对的措施。同时，其强调责任的重要性，认为不同职能部门在面临公共的社会问题时，各自为政，导致提供给公众的服务呈现碎片化，难以顺利实现政府的政策目标，也难以满足公众的整体性需求。●

另一位整体性治理理论的代表人物帕却克·登力维也提出●，整体政府是以公众需求为基础，强调改革就是变革，简化政府机构与公众的关系。其重点是建立一个真正以公民、服务和需求为基础的政府，并在演绎"整体思维"的基础上做到数据共享、内部协同、流程改造。●

国外的众多学者对整体性治理理论的研究拓伸到实践中的应用，将理论与实践相结合，既提供潜在的价值理论指导，又为公共治理提供借鉴。整体性治理主要针对政府部门"碎片化"分割管理模式带来的问题。它立

● HICKS P. Towards holistic governance：the new reform agenda［M］. New York：Palgrave，2002：86.

● DUNSIRE A. Holistic governance［J］. Public policy and administration，1990(5)：67-73.

● WILKINSON D，APPELBEE E. Implementing holistic government：joined-up action on the ground［M］. Bristol：Policy Press of USA，1999：20.

● 戈德史密斯，埃格斯. 网络化治理——公共部门的新形态［M］. 孙迎春，译. 北京：北京大学出版社，2008：68.

足公民需求，致力于改变政府原本较为分散、破碎的治理模式，除了对政府进行必要的全面协调，还着力解决传统政府存在的各种问题，诸如层级过多、职能交叉、信息孤岛等问题，特别是组织功能碎片化、信息系统孤岛化、公共服务裂解化等问题。

整体性治理丰富的内涵，更新了传统的治理思维与模式，无论是协同治理和网络化治理还是跨部门合作和水平化管理，通过政府整体运作内部结构和部门，将政府治理向整体协同推动。它在实践中的运用开始于第二轮公共行政改革运动。英国率先推出新的改革措施——协同政府，新西兰、澳大利亚在英国的"协同政府"基础上提出了"整体政府"，强调政府部门之间的相互合作。加拿大、美国、瑞典等国也进行了相应的改革实践。西方各国在政府改革的具体实践中，依据本国国情，积极创新整体政府的改革与治理模式。

我国的政务大数据顶层设计理念是以人民的需求为中心，围绕办事人的需求设计整个审批事项和审批流程。政务大数据不仅涉及信息技术、软件工程层面，还更多地涉及政府机构及行政管理，强调的是对政府数据信息的整体性管理。整体性治理理论，其治理理念本着主动性导向为主，被动性导向为辅，以责任感和公共利益为导向，不断提供精准需求、无缝隙的公共服务，以达到整体性治理的最高水平。这就需要在借鉴经济学原理的同时，还要参考社会学、哲学等不同学科理论，强调全局通盘考虑，核心理念是强调制度化的跨界合作以提升公共价值。

整体性治理的组织结构围绕目标和结果进行组织设计和创新，强调在不取消政府部门的现有专业化分工的前提下，以富有弹性、扁平化、无缝隙的方式进行跨部门合作和整合。整体性治理的运作将改变以往政府管理条块分割、各自为政、职能交叉、职责模糊、办事烦琐等问题，将公众需求放在第一位，政府运作的每一个环节相互配合、相互协调，为公众提供一站式服务。在这个快速变化的环境里，政府在治理理念、组织结构、运行机制和服务方式四个方面对速度、弹性和协作性提出了新要求，每个部门必须在其他部门默契配合的基础上无缝隙互动。

整体性治理的基本目标旨在通过公共管理部门的无缝对接，消解组织碎片化、信息部门化与垄断化的倾向，建立伙伴关系基础上的数据共享和信息共享。自 2015 年来，我国为推动"互联网+"行动做出了顶层设计，这正是整体性治理理论在公共服务具体实践中的现实体现。

政务大数据通过整体性的设计，整合、统筹、规划电子政府的各项功能，借助智能技术的感知性、智能化形式对政府进行再造，以业务为导向，以数据为核心，以服务为目标并实现智慧政务的科学化管理。

针对当前政务大数据所面临的现实困境，通过运用整体性治理理论，总体统筹谋划做好顶层设计，借助互联网和信息技术，能够突破传统的信息传递模式，打破政府内部部门条块、区域、层级间的分割，呈现更加开放的组织架构新格局，整合组织机构、业务流程、信息资源，实现一体化服务供给。同时，在整体性治理理论的指导下，政务大数据不仅为公众获取公共服务提供了平台，拓宽了其参与渠道，还为政府部门改进工作方式方法提供参考。整体性治理理论为政务大数据顶层设计提供了价值理念和方向指引，而政务大数据是整体性治理理论在现实中实现横向跨界整合的真实写照，为电子政务顶层设计提供了有力的理论依据。整体政府治理理论为数字治理理论的进一步发展奠定了基础。

（二）系统论

系统论超然于具体学科之外，是认识复杂性、非线性问题的新起点，最早作为一门独立科学是在 1937 年芝加哥大学的一次哲学讨论会上由美籍奥地利理论生物学家贝塔朗菲首次提出的。❶ 之后，他又先后发表论文《关于一般系统论》，出版专著《一般系统理论基础、发展和应用》，奠定了系统论在学术界的基础，确立了这门科学的学术地位。系统论主要研究各种系统的构成、模式、性能、行为和发展规律，与信息论、控制论共同构成现代管理理论产生的方法论基础。系统论的基本原理可以概括为系统整体性原理、层次性原理、开放性原理、目的性原理、突变性原理、稳定性原理、自组织原理和相似性原理。❷ 系统论的核心思想是系统的整体观。

---

❶ 贝塔朗菲.一般系统论［M］.秋同,袁嘉新,译.北京:社会科学文献出版社,1987:12.
❷ 魏宏森,曾果屏.系统论:系统科学哲学［M］.北京:世界图书出版公司,2009:205.

系统整体性原理突破了原有独立要素所具备的性质和功能，以及原来各个要素性质与功能的简单叠加，在研究各种系统的共同特征基础上，寻求并确立构建应用通用原理、原则和模型的新系统。正如物理学家弗里乔夫·卡普拉所指出："当我们深入洞察事物时，大自然向我们展示的并不是孤立的单独的建筑物，而是一个错综复杂的交互关联的网络。"❶

系统学理论的典型特征是复杂性，具体表现在：①巨大性。关联紧密的各个子系统达到一定规模后，各个子系统的内部功能不仅发挥着一定作用，而且子系统间也相互关联、互相影响。关联的紧密程度会一定程度上影响系统的复杂性。②层次性。系统内一般拥有较多的层次，层次可以相互平行，可以相互嵌套，层次愈多，系统愈复杂。③非线性。系统的整体功能和特征受各个子系统的影响，越是关系紧密的子系统越会影响其他系统和整个系统的性能。④开放性。系统不断与环境发生互动，同时影响环境，二者之间的相互影响进一步加剧了其复杂性。⑤动态性。系统自身、各个子系统、环境都会随时空变化而变化，是一个动态演化的过程。

之前的电子政务平台设计将组织视为一个系统，是以系统学理论为基础，用系统的观点、工程的方法依据职能的专业化分工而设，专门围绕政务目标而对整体与局部、局部与局部、整体与环境三大关系中的可控部分进行标准化设置。由于当时遇到的问题比较简单，相互联系的作用并不突出，加上现代科学技术本身还不发达，使当时没有也不可能深刻认识到整体和局部本身也是相对的。系统学理论的出现正好为研究其复杂性或自组织性提供理论支撑。尽管系统性研究有其局限性，但并不能否认系统学理论曾经为电子政务平台设计提供了可借鉴的思路与指导。

系统学理论的价值并不局限于帮助人们认识系统的特点和规律，更大的价值在于利用这些特点和规律去控制、管理、改造或创造一个更符合人们需要的系统。它强调的是将所研究和处理的对象当作一个系统，分析系统自身、内部要素与外部环境之间的相互关系，从而整体实现系统功能的优化。受系统概念科学界定的制约，可控关系或经过技术处理可以达到可

❶ 林登.无缝隙政府[M].汪大海,等,译.北京:中国人民大学出版社,2002:14.

控要求的其他一些关系组合成了系统，这些系统有什么特性，在什么情况下如何处理才能符合整体需要是难点。

鉴于系统学理论忽略了各主体、各观测变量之间的频繁互动及其在过程中的"内在相互作用"，更是低估了真实冲突场景中环境变量、要素的聚合、组合与相互影响对它们的扰动政务大数据对象不可控程度越大，系统学的局限性越展露无遗。系统在总体上只能基于统筹的次级层次发挥其应有的积极作用，尽管不能同统筹相提并论，也不可能通过系统去容纳统筹，但系统却是使政务大数据得以生存并具有生命力的前提和保障。因为，在现实中，不可能全部都是可控关系，不可能全部可以转化为可控关系。从本质上讲，系统学研究属于统筹研究的一个特例。

事实上，系统间并不相通，不同的价值理念、责任分配等带来的诸多壁垒问题已成为必须直面的问题。要解决种种问题，就要突破系统论，选取一种新的规划思路，统筹学作为方法论，对于破解此问题具有良效。正如有学者认为："如果我们把时间和空间的概念看成是世界借以影响和解释社会现实的社会变量，我们就面临着发展一种方法论的必要性。从这种方法论出发，我们可以把这些社会结构置于分析的前台，而与此同时又不把它们当作一些任意的现象来看待或利用。"❶从时空视角研究分析政务大数据系统演化的过程和规律，分析并解决数据孤岛问题，以促进政府闲置数据归集、开放、开发、应用，使大数据与政务业务深度融合后在技术、思维、理念、模式上进行创新，从而体现出系统整体涌现性的特征，即 1+1>2，整体大于部分之和。

（三）总体框架理论

总体框架（Enterprise Architecture，EA）理论最早是在企业领域提出的，但早期应用和发展最广泛的是美国的政府机构和军事部门。EA 理论的开拓者被公认为约翰·扎克曼（John Zackman）。最初，扎克曼提出这一概念，主要是针对企业信息化规划和设计的。1996 年，美国颁布了《克林格·科恩法案》（*Clinger-Cohen Act*，又称《信息技术管理改革》法案），这一

---

❶ 沃勒斯坦,等.开放社会科学[M].北京:生活·读书·新知三联书店,1997:27-28.

方案催生了一系列 EA 方法框架，在此基础上，不断涌现各类框架理论和方法。随着方法框架的进一步发展，EA 理论开始走向成熟。❶

EA 理论曾经在美国联邦政府的电子政务顶层架构中产生过极其重要的影响。一批电子政务发展相对成熟的国家（如日本、加拿大、新加坡、澳大利亚、韩国等），已经开始利用 EA 理论规划和设计政府电子政务总体架构。EA 理论的实用性已在国外电子政务建设实践中得到检验：将组织的信息系统、工作流程、信息资源、技术作为一个整体运作，加强了跨部门重用效能，减少了重复建设和沟通成本。

政府作为一个庞大而复杂的系统，恰好与 EA 体现的总体架构思想一致，因此采用 EA 理论将整体和全局的规划和设计思想应用于电子政务平台，正是 EA 理论的价值所在。有国外学者对地方政府电子政务服务成熟度评估框架进行了研究。❷ 在大数据时代高度复杂网络空间条件下，EA 理论能够较好地弥补传统理论对网络空间治理解释力不足的问题。

这一理论从本质上重新界定了政府角色，是指导、促成提供总体的愿景而非控制，使之区别于传统电子政务的办公自动化、流程在线化，这也重构了政府与企业、社会之间的关系。EA 理论是从全局审视信息化与业务的关系，可为我国电子政务顶层设计提供重要指导理论和方法。顶层设计是介于规划和具体项目实施之间的蓝图，能有效填补战略目标和实际执行之间的缺口。

当然，顶层设计本身并不是一个新问题，只是在大数据背景下被赋予了新的内涵。早在 2001 年，中国科学院李国杰院士就提出了加强顶层设计。之后，国家信息化专家咨询委员会委员曲成义也指出，技术平台建设的关键，就是要从顶层设计开始。❸ 国家信息中心首席工程师宁家骏也认为，必

---

❶　LAND M. Enterprise architecture：creating value by informed governance［M］. New York：Springer，2009：52.

❷　PANAYIOTOUN，STAVROUV. A proposed maturity assessment framework of the Greek local government web electronic services［J］. Transforming government：people，process and policy，2019，13（3/4）：237-256.

❸　曲成义. 电子政务面临的挑战［J］. 信息化建设，2001（11）：13.

须从国家战略的高度出发做好电子政务的顶层设计，调整结构，整合资源。● 国务院原信息化办公室为消除纵强横弱，实现信息共享和业务协同，提出我国电子政务建设的首要任务是抓好电子政务的顶层设计。

EA 理论总体架构的核心思想是，强调运用集成的思想和理念来指导电子政务，突出一体化的整合思想。然而主体之间的地位是平等的，互动关系处于动态的变化之中，在主客体之间的网络关系中，有强有弱，有长有短，可以存在一个中心，也可以存在多个中心。

我们借鉴 EA 的方法论，基于电子政务发展特性和具体业务性质，建设与自身发展相匹配的业务架构和数据架构。业务架构以服务构件参考模型为基础，而数据架构以数据构件参考模型为基础。无论构建业务参考模型还是构建数据参考模型，我们都应该考虑与之相匹配的思维路径和技术方法。EA 理论的应用，充分彰显了整合数据和构建跨部门业务流程的巨大优势，互联网技术与政务大数据结合而释放的合作性权力将充分发挥政府在数据治理中的主导作用。

（四）时空理论

时空理论是社会理论的重要部分，是因时空社会学的出现而被发现的。同时，它跨越和突破了传统的学科界限，研究对象、研究方法是高度契合的关系。一个社会越复杂，其时间秩序和空间秩序就越交叉重叠，时间和空间不再是传统意义上的自然存在，而是社会存在，具有社会性。

对时空理论进行一般性界定的开创者是埃米尔·涂尔干（Émile Durkheim）。他认为，时间有日期、星期、月份、年份之分，空间有上下、左右、南北和东西之分，时间和空间范畴是"人类所特有的，动物并没有这类表现"。❷ 吉登斯（Giddens）在《社会的构成》一书中，创设了大量的时空术语——时空延伸、时空边界、在场可及性等，试图构建一种基于时空分析的理论。❸ 还有许多学者将社会时间空间结构视为理解和建构社会的

---

❶ 郑天鹏.电子政务顶层设计:国际比较与中国策略[D].长春:吉林大学,2014:14.

❷ 涂尔干.宗教生活的基本形式[M].渠东,译.上海:上海人民出版社,1999:11—12.

❸ 吉登斯.社会的构成[M].李康,李猛,译.北京:生活·读书·新知三联书店,1998:265.

重要视角，比如马克思、米德、索罗金、默顿等，都先后做出了有益的探索。

时间和空间被视为构成现代社会生产和生活的内在要素和内在变量，大数据技术则成为最直接、最明显改变人类的时间和空间知觉的现代技术，时间距离和空间距离正在不断收缩。技术的发展推动了现在与未来、此地与彼地之间边界的透明化，技术的变化带来了加速的社会变化，大量社会距离被瞬间缩短，另类的时空模式取代了原来的线性模式。时间和空间的可及范围有了新的扩张，过去和未来有了扩张，社会活动日益交织且节奏更快。

社会人类学时空观催生了社会网络理论这一社会科学新领域。❶ 时空压缩实际上是本地时空能够与遥远时空即时性地联系在一起。空间是生产过程中产生的，内含场域和习性两个重要范畴。时间和空间两个概念都是集体表现，是社会发展的内部变量，而不是社会行动的容器，它们是社会实践本身。它们被组织起来成为基于实践活动的网络系统，具有嵌入性和网络性。

政务大数据具有明显的时空特性，实质上是"超越时空"，通过发生在具体的即时性"时空场所"的社会互动，产生了具有"规则与资源"的政务大数据。它打破了地理空间和社会空间的局限，提高自由时间的利用程度和利用方式。毕竟国家的权力边界、政府的职责范围、社会的治理格局总是在发展变化，是动态演化的过程，对时空的使用和控制成为新的焦点。电子政务本身是复杂巨系统，也是跨界组织形态，是借助新技术对传统政务的革命性再造，以正式或非正式的方式压缩或排挤无法直接转化的时间或空间。每一项政务服务流程的实现，每一条政务大数据的生成，都是时间管理和空间管理的生动体现，也是时空理论在政务大数据中的基础地位的明证。

（五）网络治理理论

网络治理是治理理论的重要分支。它源自 20 世纪 90 年代西方国家政府失灵的回应。曼纽尔·卡斯特（Manuel Castells）在《网络社会的崛起》一

---

❶ 景天魁,何健,等.时空社会学:理论与方法[M].北京:北京师范大学出版社,2012:45.

书中最早提出的网络社会这一概念，形成了网络治理理论的雏形。他认为网络社会一词出现的原因是信息时代的功能与过程日益以网络形式组织起来，以网络化的逻辑扩散开来，网络日益成为当前社会形态的建构者。❶

美国的斯蒂芬·戈德史密斯（Stephen Goldsmith）和威廉·D. 埃格斯（William D. Eggers）对网络治理做了定义，认为是一种全新的通过公私部门合作、非营利组织、营利公司等广泛参与提供公共服务的治理模式。❷ 网络社会作为网络治理概念形成的重要载体，是以社会关系、经济结构、技术要素的整合过程为基础，其多个节点形成的网络结构成为网络治理中行动者之间互动的基础。

社会网络治理理论作为新的社会学研究范式，其概念由英国人类学家布朗（Brown）通过对结构的关注而提出，理论成熟于美国的斯蒂芬·戈德史密斯和威廉·埃格斯提出的"社会网络是由某些个体间的社会关系构成的相对稳定的系统"❸。网络治理被定义为"一种全新的通过公私部门合作、非营利组织、营利公司等广泛参与提供公共服务的治理模式"。❹ 其核心内容包括主体间的强弱关系、位置关系、作用大小。强弱关系关注的是关系双方互动联结的强与弱，通过社会联结的强度来区分特定的行为和过程。位置关系关注的是参与者在网络中所处的位置，通过第三方从网络结构位置中获取的"洞效应"（结构洞）。作用大小关注的是各主体影响力的大小，通过社会网络规模来扩大影响力。

网络治理理论中的"网络"，并不是指技术上的互联网或网络系统，而是对社会结构或关系的一种隐喻，是治理理论引起公共管理模式转变的阶段性跃升状态。毕竟知识、信息和数据等资源的获取与社会网络紧密相关，网络关系的数量、方向、密度及成员在网络中的位置等因素均会影响稀缺

❶ 卡斯特.网络社会的崛起——信息时代三部曲:经济、社会与文化[M].夏铸九,等,译.北京:社会科学文献出版社,2006:31.

❷ 黎群.公共管理理论范式的嬗变:从官僚制到网络治理[J].上海行政学院学报,2012(7):34-42.

❸ 戈德史密斯,埃格斯.网络化治理:公共部门的新形态[M].孙迎春,译.北京:北京大学出版社,2008:5.

❹ 褚大建,李中政.网络治理视角下的公共服务整合初探[J].中国行政管理,2007(8):54.

性资源的占有。政务大数据平台参与主体间的信息、技术、数据等资源的相互交流及互动关系，极大地影响了公共服务政策，与社会网络理论中的网络行动者获取资源的特性具有高度的内在一致性。

政务大数据平台运用现代科学技术，围绕共同的政策目标，为满足多元化、主体化和个性化的需求而形成一个彼此依赖、共享权力、资源互补的动态的自组织网络系统。社会网络治理理论有两大要素：关系要素和结构要素。关系要素关注网络行动者（电子政务平台主体间的社会性黏着关系），其特定的行为和过程由公共服务联结的密度、强度、对称性、规模来阐释。结构要素则关注网络参与者即电子政务平台主客体在网络中所处位置，探讨其相互作用关系及其投射出的新型的社会结构及演进模式。

（六）数字治理理论

数字治理理论的发展至今只有不到三十年的历史，发轫于新公共管理运动的式微，是社会深度信息化的产物。其借助数字时代的兴起，强调信息技术对公共管理的影响，作为新的公共管理理论标准范式，是由治理理论与互联网数字技术结合催生出来的，但是影响是很广泛的，特别是对欧美国家影响更甚。

英国学者帕却克·邓利维（Patrick Dunleavy）认为，信息技术和信息系统可以模糊权力边界，还权于民，方式就是对公共部门管理机制进行扁平化改革。扁平状的网络结构决定了每一个网络节点都可以直接联系上级与下级，权力不是层层向上集中，而是呈分散方向的。通过扁平化的网络，多元主体共同参与公共事务治理，政府在与其他公共行动主体多重互动、相互依存中分享公共权力，将部分决策权让渡给其他公共行动主体，寻求国家职权适度让渡与个人私权有序保护的统一，共同提供公共服务，共同管理公共事务。❶

该理论主张借助信息技术手段创新社会公众参与公共政策制定与实施过程，十分重视和关注社会公众的参与问题，认为社会公众与政府部门的有效互动对公共部门创新公共服务方式起着举足轻重的作用。互联网用户

❶ DUNLEAVY P. Digital era governance [M]. Oxford：Oxford University Press of UK, 2008：56.

参与意识极大增强，一定程度上改变了传统意义上的治理环境和权力结构，这种变化促使传统意义上的电子政务向网络治理、数字治理转型。而社会公众的参与程度从某种程度上可以作为检验政府数据开放与公共政策制定的一项重要指标。

数字治理强调多主体共同参与、合作协同，实现责任共担和利益共享，利用和挖掘数据资源的潜在价值，为用户释放和创造更大的数字红利。不可否认的是，数字治理回应了互联网时代的实践需求。大数据时代，信息技术为更广泛的公民参与提供了新的技术工具，为大数据与政务业务深度融合的研究提供了最直接、最密切的理论支撑。

数字治理理论有效地传承了整体性治理理论的精髓，从本质上并不否定官僚体制，是大数据时代全新的治理取向。借助信息技术的进步，采取适当集权有效回应了整体性治理理论的制度化途径，能够为政府公共管理提供很多新的治理思路与治理工具。政府网络化管理体制的构建越发离不开信息化背景，数字治理理论是治理理论在信息时代的扩展，是经由互联网信息技术催生的新范式，体现出工具理性的价值观念。由此可见，数字治理理论是对整体性治理理论与网络化治理理论在全新的数字时代下的深化与发展，其应用实践与理论框架不可避免地带有数字时代显著的属性，从技术层面上诠释了治理理论正当其时。

第二章　政务大数据发展的多维扫描

　　事业价值取向是一个不断聚焦深化的过程，不只是一个愿望。事业价值取向的实现需要以实践活动为基础。任何一级实践的完成都要以它的上一层级实践的完成为前提。若要研究政务大数据，应充分认识"电子""政务"二者的关系。"电子"侧重应用现代信息技术，以技术导向为主；"政务"侧重政府事务，以行政导向为主。政务大数据既要关注技术如何创新，技术如何驱动政务发展，又要关注政府组织结构及其运作方式。政务大数据的变革实质上是电子政务的事业变革，其事业主干未变。鉴于电子政务是政务大数据的基础和来源，研究政务大数据必须对电子政务和大数据两方面的研究现状进行深入探讨。今天，政务大数据是以电子政务的发展环境为基础，以大数据新技术为支撑的，但也超出了之前的策划与预期。因此，本书这一部分沿用电子政务这一名称。

　　各国电子政务的基本形态和主要趋势是基本相同的，可以无视国家之间的制度差异。目前，全球已有40多个国家和地区开通了政府数据网站。其中既有美国、德国、英国、法国这样的发达国家，也有秘鲁、乌拉圭、智利、肯尼亚这样的发展中国家。❶ 在移动互联网时代，由于我国与世界其

---

　　❶　张毅.政务大数据：应用方法与实践［M］.北京：中信出版集团,2021：24.

他国家的基本国情、社会架构、发展阶段和文化特征等方面的差异，也不宜生搬硬套其他国家的固有经验及发展模式，中国的电子政务与大数据的出场语境与出场路径是有中国特色的。

中国电子政务与大数据之所以具有鲜明的中国特色，主要原因是我国的政治制度、经济基础、文化背景和基本国情影响着用户对我国的互联网产业格局的选择，使我们在谈论电子政务时，必须关注其蕴含的"中国元素"。这是在内外驱动条件下政策条件、经济条件、技术条件与社会条件达到质变后出现的政务改革新形势。

毋庸置疑，研究我国电子政务与大数据问题必须从我国的实际出发，但我国的实际到底是什么？如何才能认清我国的实际？中国政务大数据特殊性的基础是什么？特殊在哪？是否会发生变化？为什么发生变化？等等，这一系列问题应该是研究政务大数据的前提。

第一节　电子政务与大数据的发展轨迹

一、电子政务发展历程

学界对电子政务的认知有三种差异化表述。一种是认为电子政务与电子政府二者没有任何区别，可以混用。另一种是认为电子政府从属于电子政务，或者电子政务从属于电子政府。还有一种认为二者要区别对待。本书中电子政务与电子政府的差异在于，电子政府是实体概念，侧重点是政府及其他政务部门；电子政务则是一个程序概念，依托信息技术完成政府及其他政务部门行政目的，侧重点是政务。政府及其政务部门的这些机关都统一于中国共产党的统筹领导下。不可否认的是，电子政务和电子政府在某些方面有着明显重合。

（一）电子政务萌芽——信息数字化阶段（2002年之前）

政府网站发布政务信息，但大多只是提供政府日常事务处理表格下载，很多网站的信息更新频率很低。政府机构各部门间有明显的界限，部门间的行政标准设置不统一，相关规定甚至有冲突之处，信息化资源利用不足，部门间大多各自为政，与公众互动交流不足。公众很难从网站上及时了解自己所需的政务信息，涉及网上办事的业务极少。这一阶段的特征主要是以信息发布为重点，侧重提供静态的信息，属于单方向的信息传播。

简·E.芳汀（Jane E. Fountain）教授是美国著名电子政务专家。他认为，因特网及信息技术的不断更新，使传播、工作、企业和政府的组织方式从根本上改变了。[①] 加利福尼亚州大学传播学院的教授曼纽尔·卡斯特也曾于1996年在《网络社会的崛起》中预言，当今社会的主要矛盾已经发生变化，工业时代剥削与被剥削的阶级矛盾，已经被信息时代以保护自我和个体权益来对抗市场与流行的矛盾所取代。[②]

1983年10月15日，国务院批准组建国家计委经济信息管理办公室，负责制定全国经济信息管理系统的长远建设规划和年度实施计划。在重点建设国家经济信息主系统的同时，1984—1990年，国务院先后批准经济、金融、铁道、电力、民航、统计、财税、海关、气象和灾害防御等十多个国家级信息系统的建设。[③] 1999年1月22日，"政府上网工程启动大会"标志"政府上网工程"正式启动。[④] 这是我国政府进入互联网的首次全国性行动，由40多家部委（办、局）信息主管部门联合发起，主要目标是在2000年实现80%的各级政府、各部门在网络上建有正式站点。同样地，20世纪70—80年代，美国很多企业信息化建设也是缺乏从组织整体角度出发的总体架构，每个部门都根据自身业务的需求进行项目立项。这种应用系统层面的设计无法照顾全局，业务条线或业务部门之间无法实现数据共享和集成，从而形成一个个信息孤岛。

（二）电子政务形成——业务数字化阶段（2002—2015年）

政府网站管理与服务能力进一步提升，政务处理向网络平台转移，以

---

❶ 芳汀.构建虚拟政府:信息技术与制度创新[M].北京:中国人民大学出版社,2004:142.

❷ 卡斯特.网络社会的崛起[M].北京:社会科学文献出版社,2006:362.

❸ 周宏仁.信息化论[M].北京:人民出版社,2008:146,233.

❹ 中共中央党校(国家行政学院)课题组.改革开放四十周年中国社会经济发展研究[M].北京:人民出版社,2019:438.

实现线上和线下办事为重点，侧重政务业务数字化建设。但各地区各层级政务机构有着自己的一套标准，侧重建立适合自己本单位、本系统的管理信息系统。当时，管理系统的主要功能是帮助公众更广泛地了解政府机构的相关资讯。政府机构提供了相对完整的网上办事流程、权益与办理业务所需文件，但设计不够人性化，部分内容冗繁无用或过于复杂，造成政务处理中很多"信息孤岛"的存在。

这一时期，政府信息化实现内部办公自动化。政府部门将线下部分重点业务工作电子化，基于各自需要建设成自成一体的部门系统或搭建涉及部门信息的网站，一般是信息单向输出。2015 年，国务院办公厅关于第一次全国政府网站普查情况的通报中显示，截至 2015 年 11 月，各地区、各部门共开设政府网站 84 094 个。其中，正常运行的 66 453 个政府网站中，地方政府网站 64 158 个，国务院部门及其内设、垂直管理机构网站 2295 个。❶

这一阶段，一个系统的工作者就某一个特定的项目收集信息，信息存储在它的服务器里。其他系统的工作人员也收集他们所需的数据资料，其中有些数据资料不仅相互重叠，而且不能共享。不同的地域、不同的系统、不同的单位用不同的信息库，每一个信息库都只支持他们自己的功能性项目。这一阶段，政府网站的数量飞速增长，网站信息更加详尽并定期更新，突破了信息单向流动（通过电子邮件和网上留言），能在线完成部分服务功能，提高了政府办事效率，满足了群众需求，电子政务进入了双向互动阶段。

（三）电子政务成熟与发展——组织数字化阶段（2015 年至今）

重点集合政府各层级、各部门、各系统的数据信息，以此为基础数据来源，构建整体性的政务信息资源库。政务服务数字化供给以电子政务的"移动性"为特征。特别是大数据、人工智能等新兴技术的应用，使政务服务进入迭代升级阶段。数据可作为组织和部门存在价值的判断标准之一。鉴于电子政务在各地方、各层级的发展情况不一，难以在不同的电子政务平台设置统一的操作标准与设置规范，各个应用系统的不相兼容使系统对

---

❶ 汪习根.中国梦与人权发展［M］.北京:人民出版社,2019:284.

接难度加大，"大政务"观念有待进一步更新。

阿莱克斯·彭特兰（Alex Pentland）在《智慧社会》一书中宣称，人类已进入"智慧社会""网络化社会""超链接的世界"。[1]电子政务建设的根基是解决政务需求和业务效能的问题。在大数据时代，为了合理配置有限资源，可通过数据化、物联化、智能化等新技术搭建一个公共的智慧平台，从而使失控的状态变得可控、不可见的状态变得可见、不能预测的状况变得可预测。电子政务的落脚点是智慧管理、智慧服务。智慧政务极大地提升了政务服务效率与质量，使政务服务拥有触达最广泛用户群体的便利机会越来越多。这种基于移动互联网的隐性红利，已得到主流电子政务管理者与研究者的重视。

电子政务的整体需求是以人民为导向的复杂现代性治理，但难以摆脱社会规则、权力结构及其规则的共同影响。诸多客观现实力量（如权力运行、机制创设、资源整合、评价等）的牵引与规约，正成为借助技术解决公共事务、公共利益、公共问题、提供公共服务及实现政府与公众之间良性互动的制约条件。"大数据+电子政务"的结合恰恰要解决的是如何以大数据发展来提升政务服务效能与用户价值，通过大数据为国家治理与公共服务带来改变。

政务大数据应用的一个重要特征是数据采集和处理的快速及实时更新。政府部门借助来自事件现场的第一手数据，迅速同步给所需部门，动员一切需要的资源，以最快的速度在最短的时间尽可能减少危机造成的损失。普通群众与政府打交道只需要牢记个人身份证号码就可以全天候在线办理各类政府部门的业务。诸如，济南"E警通"微警务便民服务平台，汇聚了多项群众需求量大、网上办理频度高的公安热点服务事项。[2]对于政府来说，这些代表着行为和习惯的数据流可以变成自身的竞争力，政务大数据平台完美地解决了海量数据的收集、存储、计算和分析的问题。

审视电子政务的发展脉络和实践轨迹，政府在线服务平台从单向信息

---

[1]　彭特兰.智慧社会[M].杭州:浙江人民出版社,2015:8.
[2]　济南公安"e警通"易警便民[EB/OL].（2021-01-05）[2023-04-21].http://sd.people.com.cn/n2/2021/0105/c393199-34511978.html.

发布到双向互动交流，再到电子政务平台在线办事、数据开放、数据共享，其重心由解决政府系统内部业务向公共服务转变，政府职能逐渐走向共同治理与服务。政府的互联网行为日趋多样化，跨部门跨层级业务跨界无缝集成并实现智能协同办公，导致日益增长的大数据挖掘需求同落后的数据分析共享能力成为新的矛盾。

在新技术的推动下，政府和公民及组织的关系发生了根本性变化，已经演变成为利益共享、风险共担的互动性关系，跨部门、跨领域、跨系统的综合性思考和关联性业务协同成为政府治理社会的常态。在智慧社会，政府电子政务的发展目标是什么？如何借助信息技术整合和创新公共服务？如何构建政府主体与非政府主体之间的良性互动机制？如何将"线上话语体系"与"线下话语体系"相融合？这些都成为新时代政府管理深入研究的重要课题。

二、大数据发展历程

"大数据"这个术语最早可追溯到 apache org 的开源项目 Nutch。Nutch 是一个开源 JAVA 实现的搜索引擎，包括全文搜索和 Web 爬虫，尽其最大努力为用户提供最好的搜索结果，打破了某一个公司垄断几乎所有的 Web 搜索的可能。"大数据"最早被提及的国家是美国。1980 年 3 月，美国阿尔温·托夫勒（Alvin Toffler）在《第三次浪潮》中，认为人类社会正进入一个崭新的时期：第三次浪潮文明。[1] 肖恩·杜布拉瓦茨（Shawn DuBravac）著的《数字命运》指出，数据的历史就是人类试图再现大脑数据处理能力的历史。2012 年《大数据时代：生活、工作与思维的大变革》一书出版，此书的出现使世人的大数据思维得到洗礼。[2]

从人类结束原始社会，进入人类文明社会以来，共经历四次文明浪潮：第一次浪潮是黄色文明（以农业文明为核心）；第二次浪潮是黑色文明（以工业文明为核心）；第三次浪潮是蓝色文明（以信息文明为核心）；第四次

---

[1] 江青.数字中国:大数据与政府管理决策[M].北京:中国人民大学出版社,2018:2.
[2] 同[1].

浪潮是绿色文明。❶ 第一、二次革命属于小数据小时代阶段,第三次革命已经进入大数据小时代阶段,第四次革命则真正进入大数据大时代阶段。

（一）小数据小时代

第一次是"农业革命"。农业革命历时几千年,经历了两种形态:采猎文明、农耕文明。人类学会利用了太阳能,农作物通过光合作用给人类带来了可靠的食物来源,并开始定居生活,人类从原始野蛮的狩猎时代踏进以农业为主要生产方式的时代,生存模式阶梯性地跳跃到一个新层次。

第二次是"工业革命"。这次工业革命历时 300 年,摧毁了古老的文明社会而将人类带入一个前所未有的社会,人类的生存模式再一次发生了根本性的变化。工业革命主要指的是以下四次革命:第一次工业革命,蒸汽机的出现,标志着机械时代到来,以蒸汽机为动力来源的火车缩短了人与人的物理距离,在推动人类文明的进程中功不可没。第二次科技革命,经历了工业文明。内燃机和发电机出现后,电力时代到来,也就有了"电气政府"的自动化革命,给人类的社会生产力又带来了一次大飞跃。特别是电报与电话的发明,更进一步缩短了人与人的时空距离,从此人类进入了"即时通信"的时代。第三次工业革命是信息化革命,计算机技术使生产更加优化和规范。第四次工业革命是以大数据、云计算、人工智能、量子信息技术等为突破口的科技和产业革命。❷

小数据时代,数据是稀缺的,也是昂贵的。人类文明的历程,大部分都可归属于这个时代,当时人类掌握的数据不够多,也不够准确。小数据释放的是强信号,比单凭经验和直觉能更客观地反映工业革命后半期的增长烦恼,能更好地辅助决策行为。这个时期多采用抽样方式来研究问题,优点是省时省力,缺点是抽样数据没有代表性,不能得出有效的分化需求。人们越来越开始怀疑小数据的重要性,认为一开始就过多地注入历史和经验的判断。

---

❶ 王能应,范恒山,陶良虎.低碳理论[M].北京:人民出版社,2016:79.

❷ 张建锋.数字政府 2.0:数据智能助力治理现代化[M].北京:中信出版集团,2019:13.

（二）大数据小时代

第三次产业革命是在电子计算机出现后，以核能和互联网为标志的 IT 时代，随即带来的是数据革命。所有的一切都改变了，人与人的通信是即时的，人人都成为数据的生产者，引起了"电子政府"的智能革命。

大数据小时代，人们固守着数据资源稀缺的思维方式，总是强调数据越多，数据越有价值，产生了对"大"的偏好。殊不知，数据的失速繁衍，已经造成数据严重过剩。数据大爆炸带来了数据过剩的风险：现在的数据模式多样、关系复杂、多源且快速多变，非结构化数据的数量正在迅速增加，极大地超出了人们的实际需求和计算处理能力。❶

大数据的价值密度远低于小数据，是由于越间接相关，数据间的关系便越弥散。尽管非结构化数据补充了数据的完整性，但这种"非结构化"是大数据处理中的痛点和难点。计算机数据处理能力的提升成为研究问题的关键，根据数据相关强弱程度和正负性质抽样，的确不需要太多假设弥补逻辑缺环。大数据凸显的价值恰恰是与物、人、事没有直接联系的信息，挖掘的是潜藏在数据背后的不被人们轻易察觉的相关关系和规律。

（三）大数据大时代

第四次产业革命是继互联网、物联网出现以后，数字技术时代的到来。其突破了过去信息交互的局限：打破时空限制、打破传播载体介质、打破信息量的限制、打破即时交互的限制。其将由四个领域（大数据、新材料、新能源、生物科技）引领，通过数据的演进，让陌生人之间的远程大规模协作成为可能，人和物的所有轨迹都可以被记录下来。

大数据的数量、质量是从小数据逐渐演变而来的。数据的积累对于大数据分析至关重要。政府部门随着信息化工作的深入推进，积累了越来越丰富的数据，成为数据汇集和共享的高地。这些数据产生于政府内部或外部，涵盖范围广、内容丰富、数据量大。

在大数据大时代，小数据释放的信号越来越弱，"重大轻小"成为必

---

❶ 邓攀,蓝培源.政务大数据:赋能政府的精细化运营与社会治理[M].北京:中信出版集团,2020:47.

然。大数据具有量化的整体性，是人们对世界事物的整体把握，扩展成一个量化的整体，在某种程度上趋向全信息。一方面，大数据的大部分信息是噪声；另一方面，通过对个别事务的具体把握能够获得一个全数据意义上的整体认识。一些起关键作用的小数据却被贴上不规范、噪声的标签而被过滤掉，没有小数据只有大数据，会带来更大的麻烦。

"重要"数据信息容易被数据扩张带来的声音淹没了，而数据的价值大小不应只依赖于它的体量，而更应注重它的质量及效用，获取和使用是体现大数据价值的关键环节。在获取上，大数据变得便宜又容易，小数据变得昂贵又困难。现在，几乎每个机构、每个企业、每个政府部门的运转都需要以数据为支撑，随着数据价值的不断挖掘，数据的价值脱离了传统发展模式，走上了以数据为指引的发展道路。❶

无处不在的网络、无处不在的数据、无处不在的计算、无处不在的信息，从最初的萌芽到未知的结束，数据自身蕴含着一个循环往复的规律：混沌生秩序，秩序生混沌，周而复始。它们不断交互、同构异形、异质同化、再生共建。这是数据生产与再生产原理的现实写照。政务大数据的新业态所表现出来的一些新特征、新秩序、新均衡状态对于政府公共管理服务具有非线性的加速推进作用。

今天的大数据或许就是明天的小数据。理顺政府服务需用数据解决的主要问题，整合相关历史数据与经验，对未来趋势进行科学预测，做出前瞻性规划。政务大数据依赖的是所有数据，反映的是从局部到整体的复杂性思维转变，在混沌的现象中找出相对明确的关系和秩序，发现"混沌中的秩序"，这是大数据技术应用于电子政务领域的最大价值，也是目的之所在。

第二节　政务大数据面临的机遇与挑战

曾经有专家用人来类比数字化平台：互联网、移动互联网及物联网像

---

❶ 张建锋.数字政府 2.0：数据智能助力治理现代化［M］.北京：中信出版集团，2019：16.

人的神经系统，大数据像五脏六腑等人的器官，云计算像人的脊梁。❶ 政务大数据的未来结构，就像人类的大脑结构，像某种具有"进化"能力的类生命体。单个主体都像一个个神经元，平台的架构路径与连接方式像装上了网络神经系统，各个子系统像是神经元的轴突和突触，每条连接线像是一个个信息运输通道，主体可以通过数据信息进行"数字化生存"，并不断感知、认知、学习、决策、调控和研判政务服务方式的变化与趋势。智能技术运用到哪里，电子政务控制的神经末梢就能延伸到哪里。

一、政府大数据发展的机遇

数据是大数据的根本，技术和思维是实现的手段和保障。大数据是以统计结果为手段，基于过滤后的材料或数据分析做决策。数据是过去发生的，决策是面对未来的，政务大数据也是历史性的数据。

随着智能社会的发展，大数据技术的应用，许多政府部门和企事业单位积累了海量的数据资源。深化政务大数据的应用，已成为大众关切的重要议题。

（一）发展政务大数据的必要性

融入数字中国建设大局。在建设数字政府的整体战略规划中，政务大数据时空统筹具有重要意义。中共中央、国务院印发的《数字中国建设整体布局规划》明确表示，"建设数字中国是数字时代推进中国式现代化的重要引擎，是构筑国家竞争新优势的有力支撑。"❷ 中国式现代化要以新一轮科技创新为引领，挖掘和释放数据资源的潜在价值，实现数据规模、质量和应用水平的同步提升。我国首次在国家层面的文件中明确了"数字政府"的建设要求，是 2019 年党的十九届四中全会中所提出的要"推进数字政府建设，加强数据有序共享"。2020 年后，我国加快了数字政府的建设速度，在《中华人民共和国国民经济和社会发展第十四个五年规划和 2035 年远景目标纲要》的第五篇第十七章明确提出了"打造数字经济新优势、加快数

---

❶ 秦荣生,赖家材.数字经济发展与安全[M].北京:人民出版社,2021:28.

❷ 汤珂.数据资产化[M].北京:人民出版社,2023:2-3.

字社会建设步伐、提高数字政府建设水平、营造良好数字生态"等重要内容和战略要求。❶ 2022 年 6 月，《国务院关于加强数字政府建设的指导意见》提出，要进一步加大力度，改革突破，创新发展，全面开创数字政府建设新局面。❷ 这标志着我国电子政务建设迈进了数字政府建设阶段，数字政府建设将成为"十四五"时期乃至 2035 年之前国家治理的重要内容。

更好赋能新质生产力发展。推动政务大数据高效赋能新质生产力，不仅是提高政府科学决策和精细化管理水平的必然要求，也是更好释放数据作为新型生产要素的资源潜能的必然要求。2024 年 3 月，国家网信办出台《促进和规范数据跨境流动规定》，对现有的数据跨境标准、程序等做了优化完善。❸ 国家市场监督管理总局和国家标准化管理委员会正式发布的《数据安全技术 数据分类分级规则》国家标准，将从 2024 年 10 月 1 日起正式实施，具体规定了数据分类分级的原则、框架、方法和流程，给出了重要数据识别指南。❹

（二）发展政务大数据的可行性

发展政务大数据的可行性，一是我国政务数据量已经初具规模，二是大数据技术逐步成熟。

数据量初具规模。自 2002 年，我国开展了大规模的电子政务建设，至今，已有 20 余年的时间，各级政府部门都积累了大量数据。绝大多数中央部委和省级政府核心部门的核心业务数据库覆盖率超过 80%。❺

数据技术逐渐成熟。近年来，移动互联网、物联网、云计算和人工智能等新技术获得了较快的发展。

大数据技术投入使用之前，电子政务的某些潜在价值受规则所限，无法转化为现实的社会价值。而新技术的出现赋予数据在治理上新的意义和

---

❶ 林吉双.数字化转型理论与实践[M].北京:人民出版社,2013:131.

❷ 李韬,王杰秀.中国社会治理报告(2023)[M].北京:人民出版社,2023:223.

❸ 促进和规范数据跨境流动规定[EB/OL].(2024-03-26)[2024-04-08].https://www.chinanews.com/cj/2024/03-26/10187296.shtml.

❹ 数据分类分级国标十月一日起实施[EB/OL].(2024-04-08)[2024-04-09].https://news.cctv.com/2024/04/08/ARTIR59e76wLpAfAzUwaJZhg240408.shtml.

❺ 张毅.政务大数据应用方法与实践[M].北京:中信出版集团,2021:19.

新的契机，全新的资源生产方式、行为方式、组织方式与治理方式正在被系统化地重构，并改变了政府治理方式和工具的创新性。在智能技术的驱动下，社会公众有了参与社会管理的新渠道，政府的组织决策和管理也有了新工具，同时也实现了运用新技术对政府的监督。

然而，技术本身并不具有自主性，不能主动融入政府管理中去，而政府的价值取向通过不断地调整技术，促进其组织文化和组织目标的实现。随着政务大数据平台的完善与建设，"现实服务"和"虚拟服务"的服务范围和服务内容所占的份额，以网络化的逻辑获得了共同增长的可能性，公众获取和利用信息的共享需求也在增强。信息技术作为一种手段与工具，已经成为社会发展和政府治理的基础技术和关键要素，必然服务于组织文化。

发展新质生产力的核心要素是科技创新，科技创新需要持续投入数据资源。政务大数据作为公共数据的核心数据和重要数据资源，是一种新型生产要素。便捷的数据流动、高质量的数据供给，是新质生产力发展的重要动力。发展政务大数据，有利于高质量数据资源等优质生产要素的顺畅流动和高效配置。

（三）政务大数据的核心价值

推动政府决策科学化。随着数字政府的快速发展，政务大数据作为传统民意表达渠道的重要补充，汇集了跨地域、跨层级、跨领域的数据。数字技术的应用使实时传递、动态跟踪成为可能。政府部门应用数字技术收集符合需求的信息，简化了决策的复杂流程和运行机制，显著提高了政府科学决策的能力。

推动社会治理精准化。精细化是衡量社会治理水平的一个重要标尺。通过对相关数据进行搜集整合和比对分析，可筛选出不同群体的精准化服务需求。政务大数据的供给数量和质量对于政府部门精准识别各类主体的利益诉求有着重要的影响。

推动公共服务高效化。借助需求汇集、流程再造、信息共享等，持续推动差异化便民服务和应用场景的有机结合、精准对接，进一步探索突破行政空间和时间限制的方法、路径。政府部门要强化线上线下联动，应用自然语言大模型等技术，高效受理并精准回答政务沟通、政务决策、服务回应等，大幅度压减办理时长和办事成本，提高企业和社会公众对政务服务的满意度和获得感。

大数据作为信息技术发展的产物，它的产生使重复再现的现象背后的渊源机制不能简单地加以定论，更不能简单地归因于国家政策或场景因素，而是为纵向上观察、横向上解读普遍性规律和机制提供了可能。这也说明，组织文化的精神内核生成的价值造就了技术的主要功能，技术的进步既是人们需求的反映，又是需求背后的文化价值观的反映。由此可见，技术发展进程对政府能力的结构与品质产生重要影响。[1]

政务大数据的庞大和复杂，必然推动政府由有效数据管理走向高效数据治理。多源和异构数据的集成和融合过程，即将数据分散、分类、分包、分堆、分层的数据整合过程，利用全体数据、混沌性数据及数据间的相关关系，在某种程度上显现出数据背后的关联。政务大数据不仅融合了当今互联网时代发展的新技术，更是成为当前社会治理模式创新的一大产物。

大数据为推进政务服务与医疗、交通、教育、传统经济等社会核心要素变革与重构提供动力和支撑。在一定时期内，技术革新重组社会权力结构，丰富了公民利益表达渠道，管理不再是政府的主要职能，治理与服务成为政府新职能。政务大数据按照数据逻辑进行资源重组、重新匹配、重建秩序与规章形成新的资源配置、组织形式、权力分配，推动电子政务向最终格局发展。大数据给政府及社会行为、精神等带来了新的描述工具。

二、传统政务大数据的发展瓶颈

在全球，公共部门依然被"信息孤岛"模式所主导，大部分政府机构各自运作着独立的信息系统。行政碎片化，信息化建设各自为政，是导致政府部门之间"信息不对称"的重要原因。政府部门之间的"信息不对称"是导致社会治理问题的主要原因。[2]

---

[1] 周毅. 论政府信息能力及其提升[J]. 情报理论与实践,2014(10):5,20-24.
[2] 张毅. 政务大数据应用方法与实践[M]. 北京:中信出版集团,2021:21.

（一）无法支持海量数据

数据不可见。数据不可见不是指数据不可被看到，而是指数据虽随处可见，但杂质、无用甚至错误信息太多，导致关键核心数据难以被发现。数据不可见的后果是，实施的各行为主体不知道自己这样做、那样做到底为什么，也不知道数据和业务之间的关系是什么，对于数据资产完全不清晰。他们只是根据自己岗位职责或模块功能对政务大数据进行编码及相关流程操作，但讲到"宏观"的整体情况，他们并不明了。这是因为数据功能在层级制下被模糊了。

数据不可控。数据不可控指的是现有数据质量不高，数据质量参差不齐，没有统一的数据标准。其实，数据不可控一直都存在，只不过在各个时空的表现形态不同而已。传统数据平台时代和大数据时代都没有改变这种现状。海量数据的价值因为数据不可控的特性无法发挥到最大，这一点在大数据时代表现得更为突出。造成不可控的因素有很多，如观念因素、管理因素、技术因素、业务因素等，但是观念因素是最为核心的影响因素。

数据不可取。数据不可取指的是参与的主体无法根据真实需求从数据源中快速提取到有效数据。由于缺少统一的标准，即便所需数据真实存在，也知道所需要的是哪些数据，便捷精准地获取所需数据也需要漫长的需求响应时间。而今，业务追求的是快速分析，反应过慢致使需求响应时间过长，从而难以满足用户需求。数据不可取或获取的过程相对漫长，影响了高质量的政务服务。

数据不可联。数据不可联指的是各个数据间关联度不高，数据不能互联互通。政务大数据来源于各职能部门的业务部门，业务从条线化逐步向内部的统一化、标准化、专业化发展，业务数据都集中在本系统内部，导致数据联结存在障碍。不仅政府内部数据联结整合难，政企间、企业间的数据联结更是不易。

（二）无法更好地进行弹性扩展

由于政务数据信息只是"移动化"，政府内网、政府外网并没有实现整合覆盖，各个部门的业务专网支撑了各自的部门业务，建设也是"各自为战"，部门间出现信息割裂，相当一部分资源依然留在各部门内部，缺乏共享机制，参考价值有限，离最初的协同和共享的设想存在距离。

标准不统一。政府机构的公共服务曾经依赖庞大的组织机构框架，掌控信息与资源的部门与人员往往被看成资源的控制者。以前几乎不同层级的政府和政府内部的不同部门都有自己的政务系统，各个系统间相对分散，又没有统一的技术标准和建设方案，系统对接的难度大且交互性差。另外，开发数据所使用的方法和工具也存在差异，导致诸如用户体验感不足、政民互动不通畅、被动回应多主动回应少等问题。政务服务事项涵盖范围极广，涉及警务、交通、城管、文旅、卫健、房管、应急、市场监管、农业、环保、基层治理等多个方面，不同部门往往数据采集标准不一，很难保障数据一致性。

攻击难防御。随着网络攻击越来越复杂、隐蔽，网络安全防御问题越来越凸显。在万物互联时代高度复杂易变的网络环境下，大数据的高度整合、整体防御尤为关键。

政务大数据之所以有这样那样的问题或难题，主要是由许多相互联系的多种因素造成的。问题通常是不明确也不稳定的，单一的解决方案难以奏效。

江苏省盐城市警方开发的治安防控体系则是一个好的案例。其凭借集智能超算、智能感知、智能算法于一体的"数据大脑"，汇聚了数据感知、视频感知、移动感知三张网络，辖区内治安要素、警力装备实况、警情案件动态一览无余。应用该防控体系后，该市犯罪率明显下降，该防控体系被评为全国"智慧警务"十大创新案例。●

（三）改造成本较高

边界难突破。政务大数据的生产与应用之间存在着难以调和的矛盾，主要体现在：一是数据是历史结果而应用是面向将来；二是数据数量堪称海量，决策筛选有效数据只是微量关联有效度数据；三是数据是确定的、唯一的结果，产生结果所采用措施并不唯一；四是数据有过程数据、结果数据，有数据链关系，而应用决策描述，要充分考虑多变量因素，精准感知需求和资源

● 全息图、云栖警务、泛感知网……直击盐城市深化公安大数据战略发布会［EB/OL］.（2019-10-22）［2023-11-23］. https://m. thepaper. cn/baijiahao_4741251.

分布；五是数据本身是清晰的，而应用是大概率推演（模糊应用）的。

技术难融合。一些地区、部门的网络系统互不兼容、难以联通，这是因为支撑网上政务服务的软硬件技术标准不统一。即便关于同一项业务，需要将相同的材料向不同网络系统不断重复输入。由于数据与场景融合不够，加上掌握高效信息技术人才的缺乏，海量数据资源无法盘活，不能充分释放数据潜力。

第三节　政务大数据时空布局的限制条件

一、人与时空不统一

（一）现实世界的不确定性

云计算、大数据、智慧城市、物联网等新兴技术、产业的迅猛发展，特别是人工智能在政务领域的广泛应用，改变了政府公共服务运行流程及民众的体验。政务大数据的覆盖能力可以超越时空上的制约，但依旧呈现出人与时空不统一的情况。因此，传统的线性因果定律被颠覆，政务大数据处于动态开放状态。

政务大数据是确定的，又是不确定的。确定，是其主体信息的准确和完整，不确定的是其对应不同时空的关联数据蕴藏的价值。之所以不确定，是因为不确定性难以感知、难以精准预测，甚至不可度量。外部不确定、不稳定因素的加入，可能导致那些已经揭示的因果组合和常规序列发生改变，超越和改变之前熟悉的历史经验、发展常态、既有轨迹、实践定势等，进入因不确定性因素叠加引出的反转性变异阶段。

政务大数据的动态开放状态导致政务大数据的时空早已不再是传统意义上的。时间变化、空间变化都会对主体选择产生直接影响。有的部门把握不清政务数据的敏感性与非敏感性，对政务数据开放上持保守或犹豫的态度，错失了开发利用大数据价值的时机。技术的限制、时间的特性（不可倒流和不可停滞）和空间的特性（循环开发和选择利用的有限性），使政务服务与时空无法实现完美匹配。

（二）政务服务秩序的不均衡性

政务大数据从无到有、从少到多，作为一种新型生产要素，具有一些独有特征，比如获得的非竞争性和非排他性、价值的非耗竭性等。无论是时间还是空间，都不可能重现，这体现了数据要素的不可逆。不同地区、不同群体、不同年龄的公众对政务服务的需求比之前更为复杂更为迫切，限于各种差异，政务处理需求不同，政务服务秩序的不均衡性与政务服务处理需求的剪刀差越来越大。产生并储存于特定时空的政务大数据是有价值的，但价值的贡献大小会随着新的时空发生改变，产生新的数据处理需求。

政务大数据的主客体关系呈现主体-客体结构模式。在主体和客体相互作用的过程中，主体内在因素向客体渗透、转化，客体本质力量也在一定条件下向主体渗透、转化，既互为需求方又是彼此的供给方。主客体因政务大数据联结起网络社会和现实社会，相互需求的准确把握有利于彼此之间互惠关系的改善，对国家治理、社会发展需求、政务服务三者的影响是不可忽视的。政务大数据的主体，包括政府、企业、组织、社会团体等，提供、使用和所需要的数据在时间、空间上常常不对等。

目前，城乡、区域间的公共服务优质资源呈结构性短缺，农村地区的网络覆盖远远落后于城市。一些农村的老年人，限于文化水平和操作能力，无法享受到"泛在可及的服务体系"带来的便利。不同群体、组织、空间等有形的边界日益模糊，公共服务需求的差距日益明显。网民群体迅速膨胀，平台集聚效应明显，这使任何人在任何时间、任何地点都可参与、表达与互动成为可能，原有的线下组织行为秩序受到前所未有的冲击。不可否认的是，政府先后在模式、策略、措施上不断尝试，经历了抗拒、尝试、适应和拥抱互联网思维与互联网精神。互联网思维与互联网体验反向优化也倒逼政府决策的科学化与民主化。

二、整体架构有待完善

（一）整体思维的局限性

目前，政务大数据大多处于资源独享、权限独占状态。政府是政务组织协作与组织网络化的缔造者，也是政务大数据的生产者、占有者、使用者，对数据共享却有"所有权让渡"造成"事权转移"的顾虑，并不希望主动与其他人共享。加上数据交换机制的缺乏，这就难免造成数据多头采集、重复建设。

政务大数据平台是政府在治理社会、服务社会过程中设置的数据平台。与其他社会组织或机构相比，政府部门在数据的占有与使用方面无疑优势凸显。政府天然占据着信息掌控的制高点，丰富的社会信息资源和政务大数据，借助智能技术的开发与挖掘，进一步增强凝聚和辐射带动作用。不得不说，政府在使用大数据时面临的困难最小，面对的阻力也是最小的，从中获益却最多，价值潜力也最大。

政府作为"元治理"角色，进行整体架构需要技术和组织创新，特别是要从根本上重新思考在数字化转型方面做什么或应该做什么，以及如何调整其业务与技术的协同发展。不论是从政府服务的角度还是从公众需求的角度，公共价值的认知都成为政务大数据开放与共享的基础和前提。

（二）设计理念的偏差性

当前的种种困境和问题之所以难以突破，是由于在整体架构中政府、用户、工具之间出现割裂或对立，在整体性上需要进一步统筹谋划。政务大数据整体架构的设计，离不开设计理念，需要秉持以人民需求为中心的价值理念进行设计。尽管大数据、云计算、物联网和移动应用等新技术为电子政务的发展提供了必不可少的技术支撑，但不得不承认，数字化对政府组织结构和政府治理体系的优化作用还没有充分显现出来，也没有实现公共价值最大化。

政务平台搭建之初均希望提供全方位、全流程的网上办事，实现应用的整合，能够"毕其功于一役"地把一切服务一网打尽，但现实情况是，大多数是对线下流程的复制，整个线上业务办理流程偏离了以用户为中心的服务目标。另外，有的部门的政务大数据建设以完成考核为导向，不结合具体实际需求，既不注重用户的体验、习惯，也不提供用户办事必须知道的信息。

不同系统对数据的定义和使用可能存在比较大的差异，不同端口的对接难度较大，难以进行有效的整合。特别是在横向共享方面，数据开放上还相对封闭，各个信息系统的数据标准不一，形式多样，多部门跨区域的公共应用较少，很难利用公众获取的数据。若想解决此问题，只有通过整合政务服务链，按照生命周期、主体类型、办理内容、办理人身份等逻辑关系，进一步梳理办事材料、材料范例和审查要点，改造重组工作流程，让政务大数据全过程得以完整展示，才能打造成"无缝隙"政务平台，最大限度地利用政务大数据。

在推进国家治理现代化的进程中，治理体系是制度载体和机制保障，其理念变革与社会发展和生活样式变迁的现实需要及内在诉求高度吻合。政府通过有效的组织运作赋予多层级主体监督国家权力的运行范围、行使强度、规范程度，弥合数字鸿沟、应用鸿沟、治理鸿沟。深层次剖析政务大数据中蕴藏的民生问题，对隐性的、潜在的关系进行关联分析，支撑政府决策，满足公众个性需求，发挥化解矛盾的作用。一旦公众需求不能及时解决，就可能会留下社会矛盾的隐患。而矛盾转化的关键在于条件，制约政务大数据发展的条件也能转化成驱动其发展的内在动力。

尽管大数据带来的革命性变革已日渐被各级政府所认识，大数据治理成为新的不可抗拒的大趋势，不少地方政府对大数据治理现代化也加大尝试力度，但大数据治理的过程与规律、数据工具的识别与分类、数据工具的特性与情境、数据工具选择及其绩效评价的系统性研究与探索性实践有待进一步深化。

第四节　政务大数据的多边理解

数据"入库"是"出库"的基础和保障。政务大数据囊括的范围很广，既有政府内部的核心数据，也包括宏观数据、基础数据和社交网络数据。政府采集了在权力行使过程中产生的以事权为核心的组织数据，如资源类、税收类、财政类等确保政府系统持续运行的数据。各级各部门的政务数据及重点行业领域的公共服务数据组成了信息收集的"细胞群"，构成政务大数据的"大脑中枢"。这都是政务大数据进行科学研判和预测的数据来源。

一、政务大数据的功能追求

（一）科学决策

根据有限理性理论，决策者（政府）易受到缺乏科学依据的制约，而大数据的科学性与精准性恰好弥补了有限理性的缺陷，通过数据分析、评估和决策的跟进与完善，能够减少在决策与治理过程中不必要的成本损失。正如美国耶鲁大学教授丹尼尔·埃斯蒂所说："基于数据驱动的决策方法，政府将更加有效率、更加开放、更加负责，引导政府前进的将是'基于实证的事实'……"❶

政务大数据的功能之一是用来做科学决策的。科学决策是决策者凭借科学思维、利用科学手段和科学技术所进行的决策行为。数据作为科学认识的基础，其价值在于形成信息，变成知识，乃至升华成智慧。认识并把握科学决策能力的性质、构成要素及运行机制，有助于优化政府决策能力和改善政府决策效度。人是科学决策的主体，其价值、立场、经验、知识、思维和能力是影响科学决策的重要因素。凭借直觉和经验做出的"拍脑袋决策"和根据领导偏好的投机决策必定会受到个人意识和情感的影响，而依靠海量的数据收集和精准的数据分析，会一定程度上增强决策的科学化、精细化。

在新的环境下，政府的决策环境、决策内容、决策目标等都出现了新要求，政务大数据能为政府做科学决策提供有效保证，会大大降低决策失误的风险。政府不仅要通过汇集社会公众在不同媒体上的声音"数据"（批评、建议、意见和期待等），利用大数据相关性分析功能深入了解民意，并及时回应相关诉求，更要通过大数据分析民众行为和政府行为。这有助于政府在制定和实施政策上更加贴近现实，从而使决策更具备被社会接受和认可的普遍基础。要运用时空视域下的政务大数据，创新决策模式和机制，构建"采集—传递—分析—应用—评估—反馈"数据型智能决策流程，为科学决策提供态势感知和智力支持。

---

❶ 张春艳.大数据时代的公共安全治理[J].国家行政学院学报,2014(5):100-104.

（二）精准服务

精准服务，其内涵是基于智慧政务平台技术和资源整合的一种创新服务供给机制。政府向公民提供精准服务主要包括两个方面。一是常态化服务。这类服务体现了公共服务的均等供给，主要是为了满足人民的生产生活和现实需求，及时调整服务内容，科学实现公共服务资源的优化配置。二是非常态化服务。这类服务体现了质量优化效应，主要以特殊人群和重点人群为特定服务对象，通过公共服务的真实需求识别，为各类不同群体开展针对性、个性化的公共服务，且能实时传递、动态追踪，更好地满足个性化精准服务供给的要求。这既是公民合法权利的需求，也是政府理性自觉的需要。

政务大数据的价值追求和实践过程的发展变化与利益调整有着密不可分的内在关联。政务大数据高质量发展本质上是解决政务服务供给侧与需求侧的资源优化配置与精准匹配问题，挖掘公共服务领域的"政务数据价值"。政务大数据以巨量资料为源，蕴藏着数据的因果关系、相关关系，潜在的价值高于显性的价值。要通过对大数据隐性问题的识别与分类并将其运用于政府公共服务的各个方面，同时根据大数据的不同特征和适用环境将其融入不同社会现状中进行研究。政务数据驱动过程需要把握数据的三方面特征，即数据供给的大规模、数据内容的有效性及数据分析的可视化。

政务服务同质化需求逐渐降低，差异化需求不断增加，政务大数据要准确识别公众的需求、体验和感受。政务服务的内容、互动方式、服务模式等，均需要从用户习惯和用户体验的角度进行彻底改造和优化，从而加快推进政务服务供给的精细化、智能化和高效化。要探索智能化技术的应用，通过用户画像、人机交互、虚拟现实等技术手段，使政务服务更加精准、获取服务和操作交互更加简便。此外，还应注意，数字化是政府治理的重要抓手、重要辅助，但不应该成为唯一，否则对一些不习惯数字化技术应用的老年人会造成很大影响。

（三）智慧治理

智慧治理是指以互联网、云计算、区块链、大数据等新兴信息技术为基础，以线上平台为载体，以满足社会公众需求和解决社会问题为导向，致力于将传统科层制体系转变为扁平状网络化国家治理体系与运行机制的治理过程。❶ 无论是整个治理系统的设计还是迭代升级，都应当以人民的需要为出发点，以实现最广大人民的根本利益为终极目标，都应当借助多元主体和技术构建协同耦合关系结构。新兴技术提升了数据收集分析能力，推动了智慧治理新模式的发展。

作为一种新兴的公共治理模式，政府智慧治理主要借助于科学技术实现对公共管理价值的再造，政务服务在空间分布、时间延续、场景环境等存在着高度不确定性和非程序化特征，由单向度转变成双向"赋权""赋能"。它受"算法黑箱""数据偏误"两大制约因素影响。一旦输入的数据值错误或者不够客观，未遵循设计好的算法，就容易出现决策和执行的错误，陷入技术理性占主导的惯性思维，以至于干扰治理秩序。因此，在注重技术韧性的同时，要始终将以人为本作为智慧治理的逻辑起点，挖掘智慧治理的价值张力，建构"人技共生"的理想化生态。

二、政务大数据的价值期望

对于政府而言，政务大数据能为政府智慧决策带来精准的社会价值定位，高效科学利用政务大数据，提前研判恰恰是提前防范社会问题的一个很好的切入口。数据背后承载的是社会发展的价值风向标：政府部门可以通过大数据访民情、听民声、察民意、集民智、解民忧，民众也可以通过大数据享受智能服务。政务大数据，一方面，有利于及时发现公众需求热点，实时、全面感知和预测社会个体和群体所需求的各类服务和信息，透过表面需求感知更精准、更智能、更人性化的深层次需求；另一方面，有利于政府及时感知、融合、共享、协同、智能回应社会各界对政府工作的认可度。

（一）政务大数据的价值所在

大数据之所以蕴藏着巨大价值，关键之处：物数据化和数据物化的双向创构和对称发展。物数据化和数据物化是双向循环，两个方向的循环具有不同的地位。物数据化意味着因果关系的数据化，在这个过程中，一方

---

❶ 沈费伟.数字化时代的政府智慧政务平台:实践逻辑与优化路径[J].天津行政学院学报,2022(3):34-45.

面通过量化获得量的关系强度和正负性质，增强对因果关系的定量把握；另一方面由于量化失去原有的方向性，不利于定性理解与分析。数据物化既是实践又是认识，意味着可以通过数据流建构。正是在这个意义上，大数据带来电子政务物数据化和数据物化的对称发展。

数不清的电子政务活动在不停运行，如一件司法案件从登记开始到立案、认定、结案、备案等各个环节，每个环节由哪位公职人员以何种方式如何处理，相关当事人对案件在不同环节的认可度等都有迹可循、有据可追。整个建构过程与查询、利用过程省时省力，轻松地解决了效率和风控问题。如果某人对某个政策文件产生了疑问，他就可以把这个问题发送到电子政务平台上，并且可以在几分钟之内得到回应。同时，电子政务还能有效地筛选和定位业务量大、受众面广、群众使用率高的高频服务事项，最大范围地获取用户，提升服务的触达率，做到普惠公众。

政务平台连接着人与人之间发生的业务流程，流程中"流淌"的都是数据。数据流动的范围越大，参与的主体越多，价值也就越大。曾经在人与人之间发生的业务流程，以"零时差"和"无距离"的传播沟通方式在流动和分享中释放价值。释放价值的根本却是以边际收益递增趋势呈现出来的。大数据并不会生产任何有形的产品，但海量的电子数据流创造了"流空间"，这意味着物理空间的许多功能在虚拟网络中得到了映射，在线上和线下行为的良性循环中，物理空间的功能得到了进一步拓展，数字空间的力量也得到了增强。

政务大数据的战略价值不在于掌握的数据信息多么庞大、复杂，而在于对数据的"加工"能力的高低。政务大数据应通过深加工（包括清洗、优化、建模、分析和交易等）后，摆脱碎片化低效供给困境，实现数据的增值与升值。数据的重要性并不是一成不变的，而是随着数据规模的扩大和数据采集、加工和分析技术的进步而发生变化的。大数据最令人着迷之处是用"科学"的方法挑战了"预测学"，由"已知"推理"未知"，由"现实"预测"未来"。

（二）政务大数据的现实作用

信息社会发展中，当今时代社会治理的基础、出发点和归宿是民众。

习近平总书记指出:"要坚持以人民为中心的发展思想,推进'互联网+教育''互联网+医疗''互联网+文化'等,让百姓少跑腿、数据多跑路,不断提升公共服务均等化、普惠化、便捷化水平。"❶ 民生服务成为政务大数据开发利用的首要目标。

政务大数据是以智能技术为基础搭建的政府与社会协同平台。其不仅提高了政府的办事效率,强化了服务意识,而且为重塑政府形象和提供公共服务树立了良好的形象。面对海量、复杂的政务大数据信息,政府在技术支持下依靠良好的网络可适应高度韧性的大数据治理。

政务大数据是构建数字政府与数字政治的基础。社会的内生随机性与内生复杂性虚实二相间的权重比例要相对稳定,当低于阈值时,社会的稳定性较强;当高于阈值时,社会稳定性降低,小的扰动可能会导致整个社会系统发生不可预知的复杂变化。要尽可能减少现实社会现象由社会的数字化向数字的社会化转化过程中的过滤失真,各主体应边界明确、各归其位、各负其责,要强化、培育和规范推进治理体系现代化进程中的主体地位、责任担当及其治理能力。

---

❶ 中共中央文献研究室编.习近平关于社会主义经济建设论述摘编[M].北京:中央文献出版社,2017:199.

第三章　影响政务大数据发展的因素

第一节　传统与现代的平衡

万物互联时代，海量数据提供了丰富的决策信息，从源头上缓解了传统管理中的信息不全面、信息失真和视角狭隘等问题。同时，为了利用好如此庞大的信息，信息的收集和处理工具的革新速度也在不断加快。[1] 现在，数据的价值早已脱离了传统发展模式，而是以重要资源的新定位，从能力建设的"数字化转化"走上了价值再造的"数字化智能"的发展道路。

一、科层制结构与扁平化发展

（一）科层制组织结构

1. 科层制的优缺点

传统政府管理模式是按专业化分工原则，以科层制组织形态来提供服

---

❶ 邓攀,蓝培源.政务大数据:赋能政府的精细化运营与社会治理[M].北京:中信出版集团,2020:82.

务，部门之间按专业分工来划分治理领域的模式。这就使一个完整的公共服务链条被分割成若干管理环节，政府部门之间形成职能边界，部门间的互动相对较弱，只能有限度地信息共享、整合。❶ 这种模式下，政府部门中间层次多，信息以单向线性流动为主。电子政务的发展，形成了以扁平式网络化结构为特点的网络信息交流模式。从某种程度上讲，电子政务为政府的"大部制"改革提供了先决条件。❷ 现在政府职能向服务转变，垂直割裂、条块分割的状态已经无法满足社会治理和公共服务的需求，已经转向基于数据共享的大平台协同合作模式。❸ 在公共领域，合作治理所指向的内容是公共机构、私人机构、社会组织与公民等不同主体的良性互动及其参与公共事务治理的功用及其整合。❹

2. 科层制组织结构的优化方向

科层组织中心的分析路径则从国家治理有效性出发，通过追问"中国是如何提高治理效率的"，探求既定制度框架下的科层组织的自主性空间，即相对于刚性结构的柔性或弹性结构。❺ 中国政府治理体系，在党的组织形态和意识形态塑造下，人民政府是服务人民的政府。党作为最高政治领导力量，在中国国家制度和国家治理体系中处于领导核心地位。这种治理形式以辩证唯物主义思维，将行动主义、行动性治理、实质正义与制度主义、科层治理、程序正义有机融合统一，从而实现了对科层治理的超越。❻

转型中国的国家治理改革，其推进的压力和形塑的动力既来自市场化带来的"差异性"，也来源于信息化所创造的"开放性"。❼ 科层制并未过时，所谓网络组织形态对科层制的取代，更不如说是网络结构对科层制的

---

❶ 陈潭.大数据时代的国家治理[M].北京:中国社会科学出版社,2015:70.

❷ 杨安.电子政务与社会管理创新[M].北京:人民出版社,2015:238.

❸ 张建锋.数字政府 2.0:数据智能助力治理现代化[M].北京:中信出版集团,2021:16.

❹ 林杭锋.合作治理:优势、失败风险及规避之道[J].中国社会科学,2022(4):79-85.

❺ 何艳玲.理顺关系与国家治理结构的塑造[J].中国社会科学,2018(2):27-47.

❻ 王浦劬,汤彬.当代中国治理的党政结构与功能机制分析[J],中国社会科学,2019(9):4-24.

❼ 何艳玲.理顺关系与国家治理结构的塑造[J].中国社会科学,2018(2):27-47.

完善。然而，完全没有层级的网络组织形态、纯粹扁平化的分工也不是完美的，可能会带来管理幅度过大和决策的更加集中化，甚至会因为分工不明、职能交叉，引起混乱。因此，科层制组织结构还不会退出历史的舞台，甚至未来任何组织模式中都将会有科层制的影子。❶ 政务大数据应以新的智慧政务为基础，以政府新架构、新模式的明晰确立为解构与重构的重心，政府内部横向和纵向的协调和重新整合成为优化的方向，对跨组织边界进行并联改造，通过业务协同将能并行的政务程序优化重组，灵活应对多变的应用场景。

（二）扁平化组织结构

1. 扁平化的优缺点

扁平化组织结构就是在社会管理中运用扁平化的理念和方式，借助现代信息技术等手段建立起来的一种新型的社会管理模式。它可提升政务运作和政务服务的效率与质量，改变过去信息传递慢、反馈周期长的问题。通过数据传递的扁平化和多维度的信息分析，可改变以往政府决策受制于信息不对称的困境，进而改变信息科层制所带来的弊端，不再受限于研究对象的局部"现实"。扁平化组织结构强调的是垂直科层与横向网络的互补与统一、自上而下与自下而上的互补与统一、外部需要和内部需求的互补与统一。

互联网本身的扁平化特性与大数据技术的精准预测，高度契合智慧政务的理念，也高度吻合在智能革命的背景下刚性治理和弹性治理之间的平衡需要。

2. 扁平化组织结构运行机制选择

扁平化方式绕过了较长的科层链条，提升了特定治理事项的即时性效率，精准靶向至特定层级、机构和职位，有效消解政策执行梗阻，实现治理格局中的网络化联动。扁平化通过减少管理层次和流程再造，重组与优化组织结构、业务流程及信息资源等，科学减少管理环节，合理扩大管理幅度，减少信息传播节点的失真。扁平化的形态给公共服务供给模式提供了解决方向。这一转变既是技术驱动下政府理念转变的结果，又是政府主

---

❶　鲁全.中国社会保障管理体制研究[M].北京:人民出版社,2022:30.

动吸纳技术价值后的服务型政府公共服务创新的直接呈现。

但不可不提的是，扁平化是有限度的，不可过度强调。适度的层级制度可有效提升政府公共服务的执行力，而有限度的扁平化不仅可以减少信息传递层级，还可以实现自我管理，提高效率。层级制和扁平化都是有限度的，过分强调哪个方面都会对组织执行力和活力产生不良影响。不同的治理模式、不同的理论导向源于同样的时代背景，其目标是一致的：以公民需求为导向，在不同层级间打造扁平化与零距离化的政府组织结构、协同共治的网络服务方式。总而言之，处理好"层级结构和网络结构"，既要保留科层制，又要积极探索向扁平化的组织结构过渡。

二、粗放管理与精细管理

（一）粗放管理

作为高附加值信息资源开发利用活动，政务大数据治理在整体上契合信息资源管理总体规律，信息生命周期全流程动态管理是其实践主线，信息生态系统全方位质量管理是其实践主题。信息的价值存量取决于信息用户的自主判断，但信息用户的注意力资源是恒定的，强调只有在其生命周期内通过数据获取、数据存储和数据分析等环节来延长数据生存时间和提升数据价值。❶ 政务大数据的治理主体以信息系统问题和信息发展目标为导向，通过综合协调各种技术工具，主动采集和自动生成的海量数据资源，调动各种基础性组织资源进行协同整治。由于政务大数据具有线上化、跨域化特点，单独运用单一学科知识难以完全满足现实需求。

一是专业人员与服务对象的距离加大。伴随着劳动分工日臻完善，政务事项被逐渐细分，由不同的专业人员在不同链条上完成具体业务。在每一种情况下，完整的工作被分解成若干最细小的部分，加之多年延续的既有思维定式和工作习惯的束缚，拉大了专业人员和服务对象之间的距离，造成彼此之间是分离的。信息技术带来了"键对键"的交流方式，减少了

---

❶ 范逢春,王彪.政务大数据治理的内涵辨析与逻辑建构[J].中共天津市委党校学报 2023(1):75-85.

面对面沟通交流的机会。久而久之，这些专业人员扮演着高度专业化的角色，却发现自己的选择范围受到了巨大限制，与直接的或潜在的服务对象也失掉了联系。

二是公民参与政务主动性不强。公民参与政务往往从自己关注或自己的生活场景开始，参与热情先天不足，缺少对公共化的抽象价值的自觉追求。对于有的公众而言，他们不知道也不想知道某个政府职能部门具体负责哪项业务，只希望与政府简单便捷地打交道。他们的观念还停留在传统电子政务阶段，接受不了新的方式，依然愿意亲自去线下的办事大厅办理业务，有的即便是接受了新的服务方式，也不愿意主动参与政务全过程。

三是虚拟社会与现实社会的互动矛盾。现实空间的行为与虚拟社会的运行秩序是遥相呼应的，网络社会的行为映射现实社会，它们的发展趋势是二者的关系越来越密切，影响并重塑现实社会的结构。政府组织结构在虚拟社会与现实社会结合而成的社会空间互动交织中发生了变化，然而有的基层政府对虚拟社会空间的管理和治理能力并没有跟上。

（二）精细管理

习近平总书记提出，要"从群众最关心、最迫切的问题入手，着力解决关系群众切身利益的问题，解决群众身边的不正之风问题，把改进作风成效落实到基层，真正让群众受益，努力取得人民群众满意的实效"。[1] 为了落实习近平总书记的指示，首先要做的是及时地知道并精确定位什么是群众最关心和最迫切的问题。政务大数据成为解决这个问题最有力、最有效的工具。

精细化管理，要求各项管理工作要在时间与空间上做到精确定位、细化目标、精益求精和细化考核。精细化管理基础是用具体、明确的量化标准取代笼统、模糊的管理要求，把抽象的战略、决策转化为具体的、明确的工作目标和考核标准。政府管理部门已经掌握了海量的管理数据，采用大数据技术开展数据要素驱动的社会管理，通过政府的各项职能程序化、

---

❶ 刘汉峰.中国共产党的自我革命与历史担当研究[M].北京:人民出版社,2022:206.

标准化和数据化以实现社会管理从粗放式向精细化的转变。政府部门作为社会的行政管理机构肩负着社会管理的职能，要及时深入群众，细致了解群众包括高龄、残疾、独居老人等家庭的具体情况，建立需求信息清单、潜在困难清单，做好个性化、精准化服务。这种精细化管理离不开智能化科技的支撑。北京市东城区创建的"万米网格化管理平台"就是精细化管理的成功案例。❶

我们必须明白，每一次技术进步都或多或少地重新界定了公民角色。大数据技术的普及运用，大大增加了公共服务的选择余地与权利，基本上塑造了公民的角色、期待和相互之间的关系，倾向将公共服务的提供者与受众融合在一起。要加强数据信息分析运用，结合实际建设开发智能应用场景，利用政务大数据及时准确地了解和掌握社情及舆情，准确地预见事物的发展态势及规律，及时发现和排除安全隐患和高效精细治理。要利用新技术把问题解决在初始状态，防止有害"蝴蝶效应"的发生。

三、被动服务与主动服务

（一）被动服务

传统的电子政务，政府一手包办、统一配给，政务部门专设业务窗口驱动各公共部门与相关办事单位进行相关业务办理，是单向供给模式。这种传统政务服务模式，是以政府为中心。在这种情况下，各主体内部之间难以有互动情况，部门之间点对点协调，费时耗力。

我国许多省份建立了大数据管理局，部门内部数据整合难度相对较小，部门之间数据共享障碍大，共享动力不足。现有的政务平台大多是按照第三方厂商各自的系统架构、技术规范等，使资源平台整合困难。政务部门出于数据安全和数据私有的考虑，对整合构建一体化数据库积极性不高，没有主动性。因此，有必要加快推动政务服务从政府供给导向向群众需求导向转变，打破传统的"前台被动受理申请"模式，变被动审批为主动服

---

❶　东城:网格化管理显优势[EB/OL].（2021-04-08）[2024-04-11].https://www.sohu.com/a/459669865_229926.

务、上门服务，使满足人民群众对美好生活日益增长的需求与提高对社会问题的治理能力达成目标上的一致性及实践上的共通性。

（二）主动服务

政务大数据对传统的政府管理方式和运作方式产生了深刻的影响，其终极目标是通过数据协同与运用实现治理形态的革命性变革。从经验式管理决策转向精准精细化管理，从被动的"后知后觉"式管理决策转变为前瞻性预决策管理，再造、重构势在必然。

政务大数据的需要归根结底是人的需要，其发展归根到底也是人的发展。再造不是实验，不能用一种尝试性的态度开始，在实施之前一定要经过认真细致的研究，并且明确而坚定地致力于它的实现，还需要让很多人参与，明白整个系统的目标是什么、怎样运作、怎样变革才会尽早实现。

偶然性、不确定性与必然性、确定性相联系，对确定性的探索、追求是为应对不确定性及其风险的认识、把握和管控提供根据与智慧。尽管"危""机"互生共存，但究竟是会带来意外的危机，还是可能会形成新的生长点，取决于主动服务的程度。可见，主动服务是社会秩序和政治秩序处于良性运转状态的最佳手段。

公共事务日益复杂，政府面对多元化群体应凝聚各方要素，提供高质量的电子政务服务，回应人民群众对美好网络政务服务发展的新期待、新需求，这是新时代我国政府管理和服务创新的重点。

第二节　时间与空间的转化

马克思曾经指出，"时间是人类发展的空间"[1]，"时间实际上是人的积极存在，它不仅是人的生命尺度，而且是人的发展空间"[2]。他也对时间、空间的关系进行了阐述，"资本一方面要力求摧毁交往即交换的一切地方限制，夺得整个地球作为它的市场；另一方面，它又力求用时间去消灭空

---

[1] 马克思恩格斯选集(第2卷)[M].北京:人民出版社,1995:95.
[2] 马克思恩格斯全集(第47卷)[M].北京:人民出版社,1979:532.

间"❶，"资本越发展，从而资本借以流通的市场，构成资本空间流通道路的市场越扩大，资本同时也就越是力求在空间上更加扩大市场，力求用时间去更多地消灭空间"。❷ 这是马克思从主体、客体、时间和空间四个角度对世界历史进程进行的研究。从时间和空间的关系看，在资本主义社会里，人类以多数个体的全部生命活动耗费于生产直接物质生活资料为代价，换取群体更为广阔的发展空间。❸

一、时间偏差

时间是人类活动的顺序和过程，可以是自然时间（日历时间、钟表时间等），也可以是社会时间（结构时间、事件时间、行为时间、关系时间等）。时间是有层次的、多元的，其运动具有内在的纵深性、层次性、阶梯性特点，要用不同的历史时间观加以衡量。不管时间是单纯用于确定日期、分割时期，还是用于解释说明，都是用作其他连续体的动态参照点，不能任意选择。

传统数据大多是结构化数据，如样本数据、面板数据、时间序列数据等，较少涉及半结构化数据和非结构化数据，这是因为非结构化数据难以控制。先前由传统的经验空间所产生的既有经验与期望处于不稳定的平衡中，时间尺度的缩小，在不同时空产生的数据在同时、同地、同样地被不同人或组织机构共同享有，于是，不断追求技术和科学上的革新，祈求于未来的事物在一定程度上转移到现在。这种要被创造的未来已经发生在现在，是可以通过方法、组织机构和制度化来加速扩展的现在。

时间的虚化即时间的抽象化，使时间可以脱离对空间的依赖。在数据足够多的时代，时间的有限性限制了人们数据处理的能力，现代社会关系、社会秩序、社会组织因时间跨越长度必须作为某种不可或缺的变量考量。要想接纳各种随时的变化就要创造时间，就要反复改变时间的各个范畴。

大数据时代，传统和现代、国家和社会、政府和市场等在早期现代化过程中的矛盾体，被压缩和重叠在同一个时间段内，沟通互动的即时性近

---

❶ 马克思恩格斯全集(第46卷下)[M].北京:人民出版社,1979:33.

❷ 同❶.

❸ 景天魁,何健.时空社会学:理论和方法[M].北京:北京师范大学出版社,2012:205.

乎得以实现。时间对政务在深层次上集体形塑和刻画的影响越来越明显，其缺乏程度与社会、个人对政府行为的期望与要求相称，时间的可及范围也有所扩张。

现代科学技术最直接、最明显地改变着所有人对时间的知觉，使时间上的解耦性和去中心性与政务大数据的特性保持一致。至于以加速还是减速的方式，取决于事项所处的"受理""未完成""已办"当中的哪一个阶段。矛盾事件解决的突破点可能并不是根据线性来推导预测的，而是把偏差和可能在偏差中发现的规律性融入预测，特别是结合时间序列及回归分析，跨时间识别技术需求聚焦领域并展示其分布趋势和发展潜力。政务大数据与社会环境同步，以时间上渐进的方式被"层化"，使它循环到另一个时间转折点，最后把它消解。

二、空间割裂

与时间的构成意义相比，空间有静止的地理空间，也有动态的社会空间，并非地理意义上的自然存在，社会空间超越自然空间与绝对空间等传统空间概念，强调政治性和社会性。社会空间牵涉再生产的社会关系、生产关系，是政治、经济、社会和文化等各方面物化的场所，是社会关系呈现的空间。数字空间的特质日益增强且处于突出的地位，空间的独特性比以往任何时候都具有更重要的意义。

大数据时代，空间割裂本质上是制度化的空间隔离。一方面，时间的加速导致了空间的扩张；另一方面，在空间静止而时间加速的情况下，空间的重要性下降。通过时间和空间的转移达成用空间消灭时间，对物质化的、有形维度的时间和空间进行"空间修复"。现实的空间不是一个既定的量，而是随着实践活动的发展而不断扩大、不断突破，在扩大空间的量的同时改变其特性。

而今各种组织面临的复杂多变的环境，是一种巨大挑战。传统空间（实体空间）的创设与空间的布局受到严峻挑战，逐渐出现了结构性失灵，过去的智慧、知识和经验正加速失效。因为之前的组织架构、思维方式、管理运营模式已不适应数据时代的发展。

数据化的过程本质上是在物数据化基础上的数据物化过程，根据不同时间物的数据化和人们的需要，以一定的方式生成预期的结果，揭示一种轨迹式的连续状态或趋势，反映因素相互作用结果的可能性。新技术正在创造一个"全新时代"，在这个时代，空间距离再一次被压缩了，极大地消除了信息不对称带来的误解，防止其衍生或派生的问题会使主客体为之"疲于奔命"。

三、时空秩序

网络化的公共服务供给模式创造出一种新的时间——空间格局，借助数据重组技术，运用算法理解人类社会行为，构建出非结构性数据的相关关系，把分散的数据"自动"整合成内在相关的大数据形成某种秩序。新模式下分权倾向日渐明显，行动主体间关系的变化引起了公共服务供给模式与流程的重塑。无论是关注因果关系还是关注因素关系，只有把二者结合起来，从既存空间推展到未来延展空间，从过去时推展到将来时，才能为人类拥有无限可能性空间提供可能，为揭示原因和结果提供科学依据。

秩序是相对于混乱而言的。混乱多是由不确定、不稳定的复杂因素造成的。高度复杂不仅指的是杂乱、破碎、无序、多样，还包括多层、复合、重叠形成的结构、功能、尺度上的自相似精细结构。单纯的"复"或"杂"没有任何价值，只有通过层层嵌套的"复"把混乱的"杂"有机结合起来才是真正意义上的复杂。在高度分化的社会中，通过时间并置和时间疏离反映了时间的连续性和间断性，公众的个人时间与政务制度化时间的渐进式"层化"差异带来了不同的社会认同度。政务大数据反映了政务处理的空间认知和表达过程，实质是对空间实体或现象的编码和解码过程，可以破解长期的资源累积和资源不对等。

数据时代下，公共秩序由混沌性秩序变为确定性秩序，由数据、空间和秩序联合构建的多中心的高度复杂性的"陌生社会"缺乏政治传统支持是难以实现的。秩序与信息可用来描述不确定环境中确定性的概念，而确定性是通过对偶然性、不确定性的融合、综合、统计找出结构无序、趋势无准、作用无常、利害不定样态中所表现出来的总趋势。资源的本质是秩序，资源的挖掘与消耗也是秩序，是信息层次上的秩序，与利用方向一致，反映的是组织与系统运行的整体规律。

在传统时空与现代时空转换的更大维度上，通过何种手段"时间空间化""空间时间化"对庞大数据集合分析挖掘，在个体不可比拟的量级上，从数据中提升出前所未有的价值密度必然是"超时空"追求的结果。

政务大数据的开放，是以技术基础设施的扩展和社会现实的规则为开端的，更加关注数据的自动化处理和流程化处理。政务业务流程和业务关系促进各类大数据资源的交互融合，主要体现在两方面：时间空间化和空间时间化。时间空间化侧重社会关系结构要素转化为活动结构要素，空间时间化则与之相反。空间的发展是以时间的流逝为代价，时间在消耗中又转移为空间的延展，二者在一定条件下可以相互转化。在同一时间空间内，时间空间化和空间时间化是不可能的，甚至是相互矛盾的。但是，在不同时间、不同空间内，二者的转化就有了实现的条件和可能，甚至是一致的，并不矛盾。

在政务活动中，主体客体化和客体主体化这一双向互动过程，与时间空间化和空间时间化是相统一的。一方面，主体在一定时空内运用一定的手段和形式把政务事项改造成服务内容，并以相对固定的流程为客体提供服务；另一方面，主体要区分不同时空的服务对象的需求和诉求，凭借已有的可掌握的社会条件和技术条件来提升服务内容的质量与标准。

基于时空视域下的政务大数据研究的关键问题是如何有效地集成时间维和空间维，进而以抽象化和规范化表示时空域现实。为摆脱时空扭曲的困境，应考虑按空间和业务、现状与历史、二维与多维关联，尤其是要考虑如何将不同时间段描述同一空间尺度的各类政务业务属性进行整合，将数据封装成服务。

第三节　博弈与合作的协调

本着"事业-效用"至上，综合考虑利益格局、资源配置方式乃至社会快速流动导致实践高度复杂，政务服务被抽象成一个复杂化特征突出的组合体，是虚实、软硬、隐性与显性、极值与适度相匹配的"统一体"。这个立体的大型网络既不是一维的线性体，也不是二维的平面体，而是一个辩证互构关系的多维体。它是贯穿"中央与地方关系""国家与民众关系"两类主关系的交会平台，是一种包容度更大的、更全面的、更切实的大循环过程。当平台发展到一定规模时，就会催生出平台权力，诸如垄断权力、技术权力和控制数据权力等。可见，政务大数据并非单一朝向或单一性质联系的关系，而是包括确定型或随机型、模糊型、单向或多向的网络型复合关系。

一、因果关系与相关关系

（一）因果关系

大数据的实践特质，是使认识和实践变得更对称、更平衡、更一致。

在巨量数据下，全体数据替代随机样本数据有了现实的可能，不再依赖随机采样，甚至可以处理和某个特别现象相关的所有数据。透过数据分析，可以得出一对一、一对多，甚至多对多的关联性，逐渐把时空大数据提炼成有价值的小数据。在当数据集聚到一定体量时，伴随着不同的数据源增多，根据新业务的需要，必须对数据进行治理。量的增加是质的提升不可或缺的前提性基础。发展包含量的增加，也包含质的提升。量的整体把握的意义是摆脱主体明显过度倚重个别性。

政务服务与大数据之间不是简单的因果关系，而是复杂的高级的互为因果关系。这意味着，政务服务与大数据在因果关系中产生了置换反应，二者既可以是自变量，也可以是因变量，彼此之间具有可逆性的双向因果关联。按照互为因果关系的演化分析，其主要包括两种类型的演化趋势。一是互为因果上升循环，主要指的是作用于前一循环过程中的政务大数据在后一循环过程中得到继承和延续，甚至还得到一定程度的重组与再造，由此产生连锁式的良性反应，使政务大数据的发展轨迹呈螺旋式上升。二是互为因果下降循环，主要指的是作用于前一循环过程中的政务大数据束缚了后一循环过程的裂变和蜕变，甚至会导致倒退，由此产生相互抑制和相互矛盾的混乱状态，使政务大数据朝着衰退的方向演化。

（二）相关关系

相关关系可用于分析变量之间的关联程度和关联形式，是一种更为普遍的非确定性的关系。相关关系不等于因果关系，它只能说明相互关联的若干事物若其中一个或几个取值事物发生变化，与之相联系的事物的取值也会随之发生变化。由于政务服务与大数据有着相似的时空环境及共同的行为主体，二者间呈现不确定的相关关系。

相关关系按照变化的方向，又可划分为正相关和负相关两种变化趋势。正相关主要指的是因变量与自变量的变动方向相同。政务服务随着大数据技术的提升得到进一步完善，当大数据技术成熟到一定程度，政务服务与大数据之间的相关系数为正值时，说明正相关的程度越高。负相关主要指的是因变量与自变量的变动方向相反。政务服务随着大数据的增加，产生了更多的"噪声数据"，降低了政务大数据的开发利用质量与水平。当大数据的量累积到一定程度，政务服务与大数据之间的相关系数为负值时，说明负相关的程度越高。

大数据时代，通过挖掘海量数据来发现事物之间的"相关性"，寻找蕴藏其中的数据规律及过去没有发现的数据潜在价值。一个全量的趋势是暗含在因果关系和相关关系之中的，利用数据之间的相关关系可获得新的数据规律以补充传统的因果规律，从而以新的视角来解决人们知果不晓因的困惑。"我们总是生活在一个被表面现象统治和笼罩的世界里。"[1]

大数据带来的困惑在于海量的数据庞大复杂，却难以接近洞察的目标。"沙里淘金"或许可以描述大数据的目的。由于少量有用的数据和大量无用的数据并存，"少量的金子藏在大量的沙子里"。现在政务大数据最大的困惑可能莫过于：我们想淘的"金"到底是什么？沙子里究竟有没有"金"？如何才能淘到"金"，"金"的价值到底有多大？这些都是有待思考的问题。

---

[1]　洪磊,李静,刘先泽.蓝鲸法则——大数据之道[M].北京:人民出版社,2015:8.

二、技术属性与社会属性

（一）技术属性

研究政务大数据的技术属性，需要建立在对智能技术的本质属性和脉络的研究基础上。界定政务大数据技术属性须从理解价值属性开始。认识论的核心之一，就是认识主体和对象的关系。大数据时代，认识的主体发生功能性分裂，认识的意向方和实施方可以一分为二。❶ 但二者之间的联系依然密切相关，认识的动机也随之发生相应变化。由于认识主体高度分化并社会化，政务大数据已然是"牵一发而动全身"的社会活动。而相比于认识主体的变化，认识对象（客体）的变化更具有颠覆性。

大数据时代，政务变革需要创造一种新的逻辑和逆向思维能力，而不是升级现有的思维和逻辑能力。马克思指出："'价值'这个普遍的概念是从人们对待满足他们需要的外界物的关系中产生的。"❷ 价值是一种关系性存在，是主体客体在不同时空之间的关系，是客体对主体需要的满足程度。在满足需要的过程中，各种具体的价值关系就产生了。任何变革都是从理念层面或者价值层面开始的，理念是主体对自身性质与价值的定位。同样，任何不适应都是从理念层面或者说价值层面开始的。❸

虽然中西学界对于其价值属性的界定众说纷纭、莫衷一是，但都需要回答"是什么""谁""为了什么""如何"四个最为基本的问题，各影响要素之间的逻辑关系是层层递进、环环相扣的。"是什么"对政务大数据的核心要素做出了规范界定：主要侧重于复杂的公共事务；"谁"回答了政务大数据主体，更强调国家（党和政府）的地位和作用；"为了什么"对政务大数据的目标做出了新的诠释——强调公共利益最大化；而"如何"则是推进政务大数据发展的途径，更倾向最大限度地发挥好统一、系统、协调的制度体系作用。

❶ 吕乃基.大数据与认识论[J].中国软科学,2014(9):34-45.

❷ 郝晓光,郝孚逸.从否证到创新——马克思主义剩余价值哲学初探[M].北京:人民出版社,2011:7.

❸ 李文良.中国政府职能转变问题报告:问题·现状·挑战·对策[M].北京:中国发展出版社,2003:82.

政务大数据作为政府推动现代化发展路向的手段，与现代化实践的价值互动和动态对接成为重要形态。价值属性贯穿全部社会生活的主客体之间的尚未实现或者已经满足的需要。从技术社会学的层面来说，支撑政务大数据发展的智能技术与社会文化和价值观念可作为一种社会的"元过程"加以考量。实际上，政务大数据是由其主体、客体、时间和空间四大部分组成，这四大部分也是其最核心的要素。各主体间、各客体间、各主体与客体间是一种互嵌互依的关系，处于持续互动、相互依赖之中，这种关系可能存在一个或多个中心。网络可以将各个平等的供给主体有机地整合起来。

价值属性由具有一定价值观的主体进行人为干预。社会的内生复杂性模糊了主客体的界限，迫切需要将智能技术放在时、空、人统一的环境下加以考察，探索主客体的价值观在其中是如何形塑技术，又或是如何被技术形塑的过程。以往的政务服务都是以"人"这一主体为中心进行建构。任何技术总是从一定的具体目的出发，通过互动反馈进一步优化其在信息生产和信息分发过程的技术设计。这个过程中，其设计与功能及人为干预和修正改造的环节潜藏着设计者的价值观和预期用途。也就是说，科技理性的无限性追求与主体拥有的科学技术知识的相对有限性之间存在不可调和的矛盾。

主客体的价值观与技术的价值属性相统一的原则，是起点，也是终点。如果缺少其中任何一方面，或者对其中任何一方面缺乏总体上的充分理解和切实把握，结果就会影响政务"统一体"的健康发展，无法产生预期应有的成效。政府公共部门的行为主体遵守的规则与技术设计的规则并非一致，虽然政务大数据的着眼点并不仅限于主客体的交互，但二者的交互必将影响政务大数据核心的结构和规则，甚至起决定性作用。树立互联网的价值性思维，充分利用互联网思维和技术，以用户为导向，重视用户体验和公众参与，进行社会图景设置与动态演化的模拟场景实验，其最根本的目的是让政务和民众通过电子政务平台在正确的时间、正确的空间以正确的方式获取正确的数据和服务。这种公共属性的价值理念要贯穿于技术的全过程。

（二）社会属性

信息技术革命不是昙花一现的瞬间，往往会导致无法预见的后果，引发一个不间断的波浪式螺旋状的发展过程。当互联网成为新时代必备的基础设施，互联网思维就成为电子政务的标配。政府以往对互联网主要侧重互联网的工具性和技术性思维的应用。电子政务最初是以其技术属性存在的，而推动技术不断发展的则是社会属性独特的逻辑。当技术属性嵌入现实物理社会后，社会属性开始显现，物理碎片化状态被网络空间的整体性、无缝对接的政府结构所代替，在一定程度上将人类社会向虚拟社会迁移。相比较而言，社会属性比技术属性更为重要。

政务大数据的社会属性具有两个重要的政策属性：政治从属性和系统同一性。政治从属性是把政务大数据的政策和制度视为政治过程或官僚过程的结果，反映的是政策背景及其影响下政务服务独特的活动框架，政策与政治的关系势必要讨论。不同的政府管理体制，政务大数据政策的从属部门和层级会有所差异。系统同一性即是把政务活动纳入一个共同的政策框架中，以便与其他公共服务区别开来。系统同一性是政务大数据所特有的属性，有特定的政策边界。每一次技术革命都挑战着政府管理的内外部生态，不断变革、优化社会结构与政治关系，并持续不断为国家治理和社会服务的提升创造更好的条件和政策。

在政务大数据开发利用的过程中，政务大数据不仅受到设计者偏好和技术条件的限制，更受到领导者偏好、利益平衡和博弈的影响。虽然领导者明知数据融合增值是关键，融合和连续的程度也会影响数据价值的开发，但这些不同决策者之间在关于特定时期数据资源所有权界定和实现途径选择上也往往存在分歧。为真正实现"让数据说话"，让管理决策获得客观、科学的信息，有效减少信息不对称或"滞后知情"，利用数据之间的相关性整合不同的数据集创造新价值，将在一定程度上优化结构化决策、半结构化决策、非结构化决策，做到"运筹帷幄，决胜千里"也就在意料之中了。

政务大数据内容的生产、收集、分析及展现形式的复杂性，使政务大数据呈现出技术属性和社会属性相统一的样态。作为探寻国家治理进程中一个方兴未艾、充满活力的领域，电子政务系统的特征当然也是组织的特征，是一种兼具技术属性、社会属性、政治属性的有机统一体。它具有系统性，又具有结构性和层次性。技术水平的高低直接决定数据的筛选过滤、传递获取、开发利用的范围与形式，致使组织的管理实践不同程度地存在着非可控性，而有限的主观力量很难驾驭复杂多变的环境，对不可控因素越来越难以做出精准的把握，不能简单地用目标表达整体需求。

之所以出现种种问题是由于政务大数据在人工智能时代的发展非线性与不确定性、脆弱性与风险性叠加，"确定性系统"并没有足够的力量保持自己的稳定存在，主体摩擦、发展阻断、结构失衡孕育着一连串的社会危机，"随机性"考验着系统的"不稳定"问题，"问题—危机—风险"汇聚了一系列的深层次风险。

三、主链条与副链条

（一）双轮驱动

信息时代人类社会生存、生活的空间在不断向虚拟化的网络空间拓展。虚拟化的网络空间并没有改变传统电子政务的本质，无论是以物理形式还是以数据形式存在的政务大数据资源，都与具体的政务实践活动密不可分。然而，要实现政务服务事前、事中和事后的全链条智慧治理，还面临着政务业务缺乏协同、数据关联性不足等诸多问题。这就要通过链上共识算法和全域联动机制，形成数据与数据之间强关系或弱关系的组合，将原来各个独立的平台资源和用户智慧连接起来。不同区域用户加入公有链、私有链及联盟链，将链下的业务与链上的业务相结合。政务服务信息化的重点和方向应调整到群众反映强烈的办事难、回应慢、流程繁的问题上。

电子政务作为行政体制改革的重要内容，政务服务改革副链条叠加于行政体制改革主链条上，从赋权和增能两方面深度塑造主副链条的关系。一方面，赋予各主体权利和活力。重新塑造政务服务流程，细化场景、设计问题，提供清单，设立"立等可取""集成审批""兜底服务"专区，大幅度缩减审批和登记的手续流程，实现各项业务"一件事一次办"。另一方面，通过信息网络技术嵌入，在与服务对象的互动中增强政府数字治理能力。政府部门推动政务数据上链上云。时间和空间不再是限制条件，层级之间的信息失真和损耗情况也随之减少，政府内部治理结构不断优化升级，大幅提高政务运行效率。

然而，在政府机构引入大数据、云计算、人工智能等先进技术时，原本为替代大量人力的初衷却未实现，不断增加的人力投入新系统，工作量也高于往常，技术的"异化"催生了新的焦虑。如果大数据系统的建设与使用不是扎根于社会属性，而是重在使用方式与交互设计方面，那么极有可能创建的系统与原有的政府工作流程相互独立甚至割裂，形成技术属性与社会属性"双轮驱动"的局面。这种模式的危险在于，有的电子政务系统无法承担核心业务与诉求的解决，诸如高发投诉事件增多、同源多事去重归类工作难度加大、事件地理位置分布与事件解决时间变动分析研判带来重复劳动。

之所以认为政务大数据的社会属性比技术属性更为重要，是因为技术属性是手段，社会属性才是目的。政府主动适应和自我改变成为政府治理创新的新方向，政府管理向政府治理和服务方向发展，首先是政务优化的目的的，其次才是使用的工具。当然，最先进的技术也不能一劳永逸地解决当前政务存在的问题。主链条要以社会属性为基础，副链条要以技术属性为前提。充分运用大数据分析比对技术，依托二维码载体，对政务服务事项进行实时动态监控、疑点分析和异常预警，实现主链条与副链条并驾齐驱的全流程网上同步再造。

（二）平衡的艺术

我们需要仔细考虑的是，政务大数据开发利用的初衷不只是为了提高政务效率，最核心的是服务于人。在如何达到主副链条平衡这一问题上，寻找合适切入口成为关键。要通过设立相应的机制和评判标准，梳理好线下业务的全流程和具体需求，厘清系统资源和数据资源家底，查看系统数量、类别、使用情况，分析目前政务服务存在的问题所在，整理数据从产生到使用的全流程，整治对部门业务无法产生效用、使用率低的"僵尸"系统，探讨大数据技术协助问题解决的重点和难点之处。

从现实逻辑看，虽然体制、理念、技术和受众四个方面的微观要素对组织制度演化的影响力还没有办法准确衡量和测定，但可以肯定的一点是难以摆脱理性的社会、政治逻辑的影响。其中，从理论逻辑上看，主要是指政务大数据传输模式、路径与方法的建构与选择；从技术逻辑上看，主要是指政务大数据技术路线，即软件系统和新媒体路径。而主链条与副链条的互动共生关系，也映射出了政务服务范式与行政体制改革的双螺旋上升状况。主副链条将人和社会因素加以物化，使之更加符合整体效用增进的需要，按照事物的本来面貌、主客观现实情况及存在的问题进行同质化、异质化的抽象概括。

总之，无论是运用大数据技术决策或利用平台提供优质的公共服务，还是整合机构交叉职能或业务流程再造，最终都是为了追求公共价值和公共利益最大化。公共利益源于对共同价值准则的对话协商，是目标而不是副产品。政府购买第三方科技服务习惯采取"系统集成"的发展模式，短期内集合所需的多类技术并投入使用，但配套的运营措施和运营方案跟不上实际需求。因此，有必要采用区块链及智能合约相关技术，在副链条能独立添加或补充功能模块和场景，按需组合新模块、新体系，促进主链条稳定运行并衍生多样化的业务与服务。

习近平总书记在第十九届中央纪委二次全会上提出，"坚持使命引领和问题导向相统一，既要立足当前、直面问题，在解决人民群众最不满意的问题上下功夫；又要着眼未来、登高望远，在加强统筹谋划、强化顶层设计上着力""要有强烈的问题意识，以重大问题为导向，抓住关键问题进一步研究思考，着力推动解决我国发展面临的一系列突出矛盾和问题"。❶ 在现代化技术和治理理念的双重作用下，在目标导向和问题导向的指导下，政府扮演的第一角色是设计者，不仅要能统筹规划、运筹帷幄，更能够高屋建瓴地预测、分析；既需要遵从网络的平等化精神实质，又要依照公众期望进行设计，使得大数据效能嵌入、运用到政府的期望目标和治理的全过程；在辅助工具与技术引领、公共服务与政府管理间形成以人民为中心的"同心圆"，不可过分强调技术属性，也不可轻视技术的作用。

---

❶ 习近平谈治国理政(第一卷)[M].北京:外文出版社,2014:74.

第四章　政务大数据建设之发展构想

2017 年 12 月 8 日，习近平总书记在主持实施国家大数据战略进行第二次集体学习时强调："大数据发展日新月异，我们应该审时度势、精心谋划、超前布局、力争主动，深入了解大数据发展现状和趋势及其对经济社会发展的影响，分析我国大数据发展取得的成绩和存在的问题，推动实施国家大数据战略，加快完善数字基础设施，推进数据资源整合和开放共享，保障数据安全，加快建设数字中国，更好服务我国经济社会发展和人民生活改善。"❶ 这就为政务大数据建设发展提供了根本方针。

"互联网时代的国家治理不是去治理一个虚拟世界，也不是治理一个现实世界，而是治理现实世界和虚拟世界二者融合在一起的'新世界'。"❷ 它来源于现实社会并依赖于现实社会，与现实社会脱离不开，是现实社会在网络虚拟空间中的镜像反映。然而，它并不是从现实的社会空间中分化出的一个非社会空间，而是对现实社会缩小或放大的一种折射，所折射出现实社会中人际关系网络的具体情境，内容与实际生活紧密相连。虚拟世界不能全盘否定和抛弃现实世界的政务服务内容和形式，而是在原有基础上借助新技术进一步拓展其服务内容和服务形式。

---

❶ 中共中央宣传部.习近平新闻思想讲义[M].北京:人民出版社,2018:141.

❷ 李良荣."新世界"舆论法则:掌握传播主导权[N].中国社会科学报.2015-01-21(B01).

第一节　政务大数据统筹布局

习近平总书记强调："要运用大数据提升国家治理现代化水平。"[1] 随着互联网技术的日益成熟，构建科学合理高效的综合业务信息平台，成为建设政务大数据的自然选择。《中共中央关于全面深化改革若干重大问题的决定》中，首次将国家治理体现在党的正式文件中，正式将"推进国家治理体系和治理能力现代化"作为全面深化改革的总目标。[2] 在这一背景下，中央将数据治理提高到整个国家治理体系和治理能力现代化的高度，并努力朝着整体性的方向发展。党和国家为践行全心全意为人民服务的根本宗旨，把"国家"提高到"治理体系和治理能力现代化"这一新的历史高度。这种治理并不局限于数据本身的治理，大数据背景下的领域、部门、机构和组织，都成为大数据治理的范畴，更是通过大数据获取公众深层次的需求。

一、时空统筹的驱动因素

（一）以人民为中心

习近平总书记指出："一个现代化的社会，应该既充满活力又拥有良好秩序，呈现出活力和秩序有机统一。"[3] 这说明政务服务良性循环的两个重要维度是秩序和活力，体现在"管"与"放"之间。各种要素紧密联系、各种机制密切配合，呈现出良好的秩序。政府管理力量与社会调节力量、政府行政功能与社会自治功能的良性互动必然要求在生机勃勃、充满活力的状态下进行。要根据政务大数据收集、整合、归纳、分析和研判深度，

---

❶　中共中央党史和文献研究院.习近平关于网络强国论述摘编[M].北京:中央文献出版社,2021:134.

❷　《〈中共中央关于全面深化改革若干重大问题的决定〉辅导读本》编写组.《中共中央关于全面深化改革若干重大问题的决定》辅导读本[M].北京:人民出版社,2013:90.

❸　中共中央党史和文献研究院.十九大以来重要文献选编(中)[M].北京:中央文献出版社,2021:666.

挖掘政务需求和服务供给，在活力中保持秩序、在秩序中激发活力，从而在秩序与活力之间取得新的平衡。

政务大数据治理在保持秩序和活力的同时，还要激发人民群众参与的积极性。坚持以人民为中心是推进治理体系现代化进程的最终价值，人民群众不仅是参与者、受益者，还是检验治理成功与否的评价者。这充分说明，政务大数据治理现代化制度的出台要着眼于全体人民共同的需求和利益，人民群众"客观有需求"与政府"主观有能力"交互作用，关注和兼顾价值共识和增扩长远的整体利益。同时，民意在一定程度上代表着人民群众的心声，它在政府决策和行动中的分量改变，将会直接影响政治参与的结构与模式。通过政务变革，不仅可以推动社会再生产模式的变动，更是国家治理模式改进、人民生产生活方式转变、制度政策设计导向及科技发展的合力使然。

以政务大数据主体为核心的政务运行新机制离不开人民主体。这是因为，对政府而言，其服务对象就是人民群众。政务大数据主客体是以人民为中心的，二者是相对的，对于整体需要而言，并不是固定和稳定不变的。主体与客体在一定前提条件下可以相互转化，主体可成为客体，客体亦可成为主体。

需要指出的是，这里的主体是一个主体组合，并不是所有与政务有关的人群是政务大数据主体，只有作为推动政务实践的主导力量，对政务实践过程产生不同影响的个体或群体才是政务大数据主体。因而，政务大数据主体是相对概念，包括个体和群体，特别是有需求特性和思维特性的群体（也包括个体），不仅包括政党组织和政府组织，还包括各类社会组织、企业和个人。互动中主体作用的发挥，有大小和方向之分，也有客体性质不同对于主观能动性发挥的限制。主体在政务实践过程中，既是对政务实践起主导作用的因素，又是政务事项的主要承载者，处于核心和中枢地位。政务大数据主体作用发挥是其他任何资源所无法匹敌的，具有主观性、意识性和能动性，能在认识和把握环境（含有时间和空间）的基础上，指导客体和反映客体。

对政务大数据而言，客体主要是针对公共服务与社会矛盾问题的把握，政务大数据为谁解决问题谁就是客体，解决什么问题中的"什么问题"就是客体。相对于政务大数据"统一体"而言，凡是平台所关涉的政务服务具体事项及其相关的有序或无序的人、物、数据等均为客体，组成客体的各方面多来源于不断变化的主体意愿和时空条件。主客体统一需要统筹兼顾不同因素，其统一的程度直接受制于对人、时、空及其匹配的具体寻求、把握和关系形成、确定。否则，一切均将成为一句空话而于实际无益。

大数据环境下，政府在实现政务服务供给能力不断增强的同时，人民群众对政务服务的期望也不断提高。发展带来的必然现象是人民的需求与社会的进步一同提升。无论是政务审批提速还是服务增效，无不体现着以人民为中心。从以人民为中心角度看，按照主体意愿，政务事项的人、事、物与时空的匹配程度，最终确保回应性与适应性能够从客体内外的资源整合而成的力量中得到有效保障。

总之，政府以人民群众的需求为行政运转的轴心，将人民群众的利益放于首位，以发挥好为社会、公众、企业等提供各种公共服务和公共产品的行政职能。这也是政务大数据时空平台的优先选择，在遵循传统思维与政务服务内容基础上，要高度关注公众迫切需要解决的问题，树立用户需求第一位的服务理念。社会和公众服务不再是政务服务的被动接受者、受众，而是成为政务服务建设中用户主体的构成部分，是政府的合作伙伴。可见，政务实施是否有效、孰优孰劣，并非单纯取决于某一部门或某一环节的业务，而是取决于整个行政事项协调完成的顺畅程度。

（二）以现代化治理为主线

"现代化"指的是运用现代理念、方式、手段，形成新的生产体系、供给体系和分配体系，为政务发展提供管理、运行和保障机制。现代化本质上是人的现代化，要以人民为中心，彰显以人民为中心的实践旨归与价值意蕴，回应以人民为中心的现代化发展要求。现代化治理是一个系统工程，治理体系和治理能力现代化包括政务大数据在内的各系统要素的现代化。有学者认为，政务大数据越来越成为现代国家和政府所倚重的治理工具或途径，单就政府信息处理维度看，政府职能已不再只是为决策者提供决策

方案与信息支持统计管理。❶

治理问题生发于网络空间，政务服务不再是"政治力量"设计、主导和控制下的运行模式，而是转移到曾经在信息链条无实质影响力的普通民众手中。人民群众只有利益得到满足、情感得到归属才会认同政务服务治理。为打破"信息孤岛"和传统政府管理模式的主导性，社会思维和治理方式的创新要渗透到政府治理的各个环节。一方面，民众的主体选择性扩大，政务大数据的数量、传播速度和分布形式，直接影响着公众政务实践获得感和体验感。另一方面，传统管理主要依靠行政力量和技术管控已经很难适应公众的多元化服务需求，政务工作格局显露出自上而下与自下而上的互动建构特征。推动现代化进程取得成功的关键所在是国家（政权力量）与社会（民间力量）之间形成良性互动关系。这是遵循了"人民向往美好生活"的"价值逻辑"，是凭借能力输出良好治理行动以实现公平正义。

在互联网高度嵌入的当代社会，我们正经历着的科技革命和产业变革，改写了治理的走向，治理的结构体系、功能体系、运行体系都需要重塑和再造，治理模式、治理效能和资源分配表现出数字化特征。政府由于长期关注公众与治理结构的长期的复杂性互动过程，特别是在服务理念、创新思维、治理思路及政策导向上都发生了实质性的转变。数据治理体系现代化的核心逻辑是明确国家数据治理的机构、体制及其价值指向，彰显现代国家的主导作用和治理作用，构建有效应对和化解社会问题的数据治理规则、程序及其秩序。

社会公共服务需求不是一成不变的，是随着我国的改革实践向前发展变化的，因而政务大数据的战略目标也会随之不断调整，这就要求随需而变、不断迭代，即便是战略目标在一定时空内保持稳定性和连续性，也需要根据环境的变化不断对设计方法进行调整。政府机构在政策制定、权力清单出炉、服务事项与办事流程设计、服务申报、办结与反馈等各个环节中充当着"甲方"的角色，是规则的制定者、秩序的维护者，直接影响政

❶ 曾盛聪,卞思瑶.走向大数据治理:地方治理的政策工具创新趋势——基于多个经验性案例的考察[J].社会主义研究,2018(5):86-95.

务服务整个流程的顺畅进行，关系到党和国家的公信力和形象塑造。

现在很多部门已经意识到数字化转型会影响中国的现代化进程，对数据已形成一种共识，对数据价值的预期越来越高。党的十九大报告中明确指出，为适应新时代中国特色社会主义现代化，要进一步深化机构和行政体制改革。特别是要"统筹考虑各类机构设置，科学配置党政部门及内设机构权力、明确职责"❶，"统筹使用各类编制资源，形成科学合理的管理体制，完善国家机构组织法"❷，"赋予省级及以下政府更多自主权。在省市县对职能相近的党政机关探索合并设立或合署办公"。❸

当前的大部制改革、区域联动发展部门间议事协调机制都部分体现了整体性治理的思路，但从具体实践来看，跨功能性和跨部门性还比较薄弱。2018 年 3 月，国务院机构改革方案通过，国务院正部级机构减少 8 个，副部级机构减少 7 个，除国务院办公厅外，国务院设置组成部门 26 个，涉及15 个部级机构改革、调整，多个新部门组建、成立，众多行政管理事项重新归并、组合，职能的调整，职责的确定，人、财、物的安排等。然而，这并不是一蹴而就的。因此，党的二十大再次对深化党和国家机构改革做出重要部署。

国家（政权力量）在现代化进程中发挥着类似于发动机的启动作用，主导着路径选择与政策制定。无论是在制度层次上还是在治理领域上，现代政府治理现代化所依赖的不仅是政府内部，还需要超越传统组织边界的社会化生态。各个领域的数据流动速度和范围扩大，传播效率提高，促进了大汇集、大协同的利益"互嵌"状态，这都需要演进模式。演进模式是以灵敏感知、科学决策、能力提升、精细管理、价值转换、高效运行、整体协同作为数字政府建设的方向。这就说明，不论是技术创新与应用，还是实现应用性与前瞻性的恰当平衡，最终目的都是为国家治理能力现代化提供重要支撑，统一于国家治理现代化的大体系中。

---

❶　习近平谈治国理政(第三卷)[M].北京:外文出版社,2020:31.

❷　同❶.

❸　同❶.

政府借助智能技术进行数据治理，需要从正反两方面认识。一方面，它为政府治理体系和治理能力现代化的推进提供了新的工具。借助智能技术进行数据治理在社会空间网络的权力多重相互迭代和交织的复杂多变环境中，营造了一个有着自身独特的结构、边界和运行逻辑的"充满矛盾、张力、共享体验的数字世界"，为实现"虚拟政府"与"现实政府"的线上活动和线下行动的联动、引领多维空间的话语权提供了现实的可能条件。另一方面，它为政府应对危机和风险的能力提出了更高要求。

从现实情况看，政务实践循环发展并不总是良性循环的，恶性循环也会伴随存在。问题解决的关键是寻找良性循环和恶性循环的交汇点或把握住二者之间的交汇环节，人为创造条件确保其维持、打破或转化成为适应电子政务发展的整体需要的良性循环。若要推进良性循环，须上升到概念体系的理论抽象，将重视整体性的表象思维并同理性思维统一起来，进而通过组分、组合的思维方式、心理体验、思想观念将隐性状态变成显性状态。因为既考虑"统一体"得以建成的各种因素，又考虑与之相容的条件的变化，还需要把一切可能意料的发展威胁和一切可能需要的发展期望考虑在内。智慧赋能成为电子政务向治理现代化演进的逻辑主线。政府开始不断吸纳智能技术产品，并不断将技术转化到政府管理实践中，改造、升级、变革和整合政府职能。

任何一种新结构的形成都意味着原来状态的失衡，新的"混沌边缘"状态涌现出社会新的功能和更高适应性的新结构、新模式。政务大数据绝不是信息技术在电子政务领域的简单运用与叠加，而是一种更多地与政治权力和社会权力的组织利用方式相关联的多元复合主体、多元化治理格局引起的"核裂变"效应。

国家治理、社会发展需求、政务服务三者关系处理得当，可以形成正向良性反馈机制——准确把握社会的发展需求可以推动政务服务的有效性和有理性，从而促进政民良性互动及社会和谐稳定，并有助于提高国家治理水平和治理能力现代化。

（三）以人、时、空统一为目标

传统的线下政务大数据，是严格按照时间的一维性流动的，各阶段无法并行和跨越，时间是不可逆的，政务实践过程要遵循时间的规律。后来，由于信息技术的参与，政务处理可并行推进，传统意义上的流程顺序被打破，出现了事项处理与事项申报阶段同步展开，甚至前移的折叠现象。其中隐藏着一个至关重要的基本事实，政务服务体系在实体空间和数字空间的同步推动过程中相互叠加。政务实践过程的空间，包括政务事项发生发展的有形空间和无形空间。线上政务的虚拟空间的影响力之深有时候远远超越现实空间。主客体在利用政务大数据时，应以统筹的思维认识整体环境，充分考虑多种要素的相互作用及其合力，理解相互关系。因此，政务大数据的筹划活动和实践活动需要依据人时空统一状况为核心条件。

大数据重构电子政务平台，涉及人、时、空及其作用的协调问题。这种协调是以人群为主体，以时间为"轴线"，以空间为"链环"的总体协调问题。这意味着，应时而生，政务服务在现代科技的推动下，在重点领域、关键环节中涉及的不同的人、时间、空间的问题域，体现了政务大数据总体特征的不同侧面。对政务实践活动的统筹，归根结底是通过协调人的利益来实现时间和空间关系的转换，最终落脚在满足"人"的需求上。每一个人都是时空下的人，每一个社会关系也是时空下的社会关系，每一个政务事项的推动与完成也是特定时空背景下的流程。

确定某一主体的行动策略时，判定时空状态及环境未来的演变规律成为依据，而环境的演变又受制于人这一主导因素。❶ 人从来都是第一要素。这与统筹治理中的"统筹"是高度自洽的，统筹强调的是领导者为实现人、时、空差异相统一对有限的资源所进行的全局性、整体性的调配与规划，评判整体需要的优先级，以最有效的安排和最大化的成效、最佳资源优化配置为依据，实现领导、规划、预前、资源与利益的优化整合。❷

当前，各种环境变数纵横交错、纷繁复杂、动态变化，共同利益与外部挑战致使系统整体呈现出高度不稳定、不确定、不均衡状态，需要与之

---

❶ 范如国.复杂性治理：工程学范型与多元化实现机制［J］.中国社会科学，2015（10）：69-91，205.

❷ 宋协娜，王艳."治理性"问题与统筹科学化研究［J］.山东社会科学，2020（3）：116，160-167.

做出相应对策整体联动，从而增强了治理结构的动态适应力。网络冲击了传统的服务理念，也选择了平台新的受众群体，无缝隙、无间隔地或互补或替代线下实体服务。如果政务服务跟不上需求，也就是在人、时、空关系中出现了时间上的不协调，时间因素就从有利转变成不利因素，进而影响空间的状态和人的心理。

政务大数据是一个综合性、动态性概念，涉及多个学科领域，理应以统筹方法视角把政务服务看成一个"整体性治理"的系统。它并非固定不变，而是随着时间、空间、发展环境及人们思想观念的变化而变化。这就要求立足整体，从整体与部分、部分与部分、整体与环境出发，弄清和处理好各个组成部分的特性。在不同的人、时、空条件匹配之下，政务大数据结构形态网络性和复合性的形成，归根结底取决于外部和内部的匹配统一，即人民群众对政务服务的需求在政府治理现代化方面的反映，集中体现为政务活动在各自内部业务或相互关系上做出适时、适地、适当的相应调整转换。无论对于其时间维度的考量，还是对于地域空间的利用，或者相关人群利益关系的统筹协调，都是政务大数据绕不开的时空感。所谓时空感，就是一种将人或事物置于长时段、多维空间去认知和整体把握的"通感"，包括与环境的关联性、延续性和变迁性的关注。没有无时间的空间数据，也没有无空间的时间数据。

政务大数据作为复杂系统，任何要素在系统内的分布都有空间和时间层次。政府部门根据政务实践发展阶段，通过横向和纵向整合各种服务资源和信息，增强系统服务和协同决策。政务大数据平台的进一步开发，压缩了时空。既要全要素发力释放政务大数据价值，思考政务"过程的集合体"的递阶发育、迭代升级、动态推进；又要科学界定和精准把握各要素的地位和作用、构成和分布，具体分析各要素的空间定位和时序演化。政务大数据开发利用的空间多型多域交织，各域不同力量共同作用、协作密切，彼此影响。当然，为更好更快地达成整体实效，将整体按时空分割成具体任务，各项任务和事情分别解决，有助于不同人在不同时空发挥最佳作用，每一项具体任务的完成对整体实效起到重要的影响作用。

政务大数据覆盖范围广，不同层级、不同区域的政务平台要通过综合和分解的方法，消除数字治理逻辑共通性的受阻之处，在突出优势、均衡协调、围绕重点、个性适应、时序时效、秩序结构等方面，进行可控、可适应、可利用的调整与整合。要统筹推进技术融合、业务融合、数据融合，在持续不断的发展中理顺"平衡"而不是寻求"最优"。"最优"往往是某一个特定时空针对特定人群而言的，并非"最佳"选择，要兼顾各方，着眼长远，"平衡"或许才是最好的选择。因此，政务统筹实践要以权衡并处理人与时空的轻重、缓急、得失作为出发点与立足点。

二、时空统筹的秩序选择

而今面临的百年未有之大变局，发展的基础变了，参照系和价值体系变了，传统优势式微，数据正在强势崛起，转型就显得非常迫切。电子政务的转型意味着一种新社会结构的诞生与重构，心中有了"转"的理念、眼中有了"转"的视角，才能不断推动数字化信息化转型。"转"意味着一种变化，以一种方向上的改变和不确定性，打破原有的关系；"型"是一种整体性的结构状态。转型则意味着新结构、新物质的诞生，强调的是一种整体性的变化。转型并非表层、表面、表象，而应该是结构性、体系性、制度性、从内到外的深层次转型，不仅体现在具体的发展空间形态上的共时性特征，也体现出时间序列上的历时性特征。

（一）时间压缩

戴维·哈维（David Harvey）对时间压缩理论的贡献比较大，他提出"空间和时间的客观品质革命化"❶。当人们知道事物之间的因果关系时，就可能会缩短这两个事物之间的时间差。这种时间差是由于主观上的感受在时间轴上后移，结果在主观感受的时间轴上前移导致的。可见，主客体的主观意愿对事件的起因和结果产生缩短效应起着至关重要的作用。时间压缩下的政务服务过程可以理解为，对于既定的政务服务事项的业务、问题及治理，在时间压缩下与正常情况下相比业务数量激增，进而造成政务系

---

❶ 哈维.后现代的状况[M].阎嘉,译.北京:商务印书馆,2003:300.

统做出新的改变。这里所说的"时空压缩"指的不仅是物理上自然空间的变化，也包括社会性的社会空间的变化，社会活动（如获取和使用信息、行动、做出决策、配置资源等）所需的时间量压缩到最小。

现代性与后现代性，是一种"时间性"。从时间性上讲，过去、现在、未来的时间界限被完全打破了，它们彼此交融、不分彼此。一般来讲，政务大数据时间有结构时间、事件时间、心理时间等，其影响人们办理政务事项的自由程度。结构时间指的是不同的历史结构及节奏运动，需要以不同的历史时间观加以衡量。它是一种长时段历史现象，在历史进程的深层次的各种因素中，干扰时间并改变时间的范围和速度，调整事件反复发生的节奏和周期。事件时间指的是事件及其状态发生或保持的时间。心理时间，与现实时间相对，通常指的是个体主观感知的时间，是意识中的时间。心理时间是一种时间体验，往往心理感受的时间与现实空间的时间变化是不一致的。

政务大数据的现代化是传统、现代、后现代压缩到同一个时空中的某一个具体的政务事项里，是在登记审批推进过程中谋求有效的、增值的信息链。要调整政务事项办理节奏，压缩办理时间，使人们的心理预期与时间的实际变化保持基本一致；综合调整政务事项结构，构建技术架构、业务架构、数据架构，改变时间的范围；各领域数据资源跨域跨界共享，争取在关键领域和关键项目上的时间、速度优势，产生整体优势溢出效应，夺取时间主动权。

（二）空间延展

空间概念由自然空间拓展到社会实践中，是群体或个体发展的空间或范围。互联网服务思维打破了与时代不相符的思想观念和运作机制，拓展了社会系统的时间和空间秩序，全连接和零距离冲击并改变了政务服务事项的空间维度和范围。通过政务大数据平台，每一个主体在数据库中都被重新刻画，处理政务事项的进度体现出事件发生的范围、广度和深度。不同事件和人都被构建成了一个数字化身份，对技术捕捉到的活动信息分析可以得到主体在物理空间和社会空间的行动情况。

政务大数据公共服务从隐性的"黑箱"空间被打开，大大超越了既往人类社会感官的局限、对象内容的局限、时空的局限，等等。在现代社会，政务服务不受时间和空间的限制，政务大数据中的无形空间和有形空间是相互影响的。有形空间的事项对无形空间的公信力的影响是显而易见的，而无形空间对事项处理不及时或者解决问题不力，则会形成对立化的心理空间。合适的空间距离对于政务事项的解决和心理体验都有着不可忽视的作用。无论生产要素如何变迁，人永远是生产力中最活跃的要素，对空间感非常敏感。大数据时代下，政务服务不再局限于空间，不仅在物理域、信息域内提升服务质量，也将在认知域、社会域内调整服务理念。跨域非对称服务与同域对称服务相互支撑、效能叠加，跨域服务、多域服务成为常态。

政务大数据开发利用的价值是将散落在不同空间的不同时期、不同事件的政务大数据统筹起来实现空间权力最大化。❶ 政府工作人员营造空间权力的弹性与张力的差异性对公众公共服务质量体验存在一定的影响，而群众对处理事项的心理或社会空间落地问题、空间实现方式对空间的选择主动性要求比较高。政务大数据的体量不断增大，结构日益复杂，空间生产、空间治理的效果虽然明显，但也留下了待处理的问题。

（三）时空转换

网络社会，政务大数据既有时间属性，又有空间属性，具有时空合一的特征。时空合一是社会时间和社会空间的辩证统一。政务大数据产生的社会现象与社会事实受资源、时空信息和方法等条件的限制，要打破地域和历史的局限，不仅要考虑空间维度，关注不同区域、不同系统、不同层级的具体表现及其间的关联性，还要重视时间维度，考察共性事项与特殊事项的形成过程及其变迁路径，力求从具体问题走向上位问题。

所谓时空转换，就是"把某时刻的或稳定于某段时间的某类事物的空间展开，看作是这类事物在时间中的对应发展的序列，反之亦然。简言之，把现实历史化，把空间时间化，反之亦然"❷。社会时空分析包含时空之间

---

❶ 肖巍.性别与生命：正义的求索[M].北京：人民出版社，2018：84.

❷ 包哲兴.时空转换——科学研究的一种方法[J].宁夏社会科学，1989（5）：134-137.

的交叉、交换和转换。当我们分析社会时间和空间影响时就会涉及交叉作用，当我们分析社会时间和空间变迁时就会涉及时空之间的交换或者转换。❶ 社会经济结构和重心由传统的物质和能源向数据的时间和空间转换过渡，在一定程度上脱离时间和空间的约束。"人"不仅可以摆脱时间提速的异化，也可以摆脱空间拓展的束缚，时刻影响"他人"并被"他人"影响。为确保人、时、空及其作用利用的协调性，在追求时空集聚效应的同时，空间与时间以立体网络交织在一起共同支撑着政务服务系统，各系统、单元、要素注重时间的精准性。

大数据时代，政府的决策标准、选择路径和决策过程日趋显性化，且压缩在较短的时空内，增强了用户的共享体验。这是在既定制度与社会结构下兴起的，这样的改变又为新一轮智慧服务提供了结构限定与机会空间，这就是政务大数据的时空动态转换过程。

在理想的情境下，公共权力体系与社会组织都是公共服务的主体，也都是治理体系的主体，但并不是既定不变的，它随着实践活动的发展而不断变化。相对于政务大数据活动的整体需要，主体中的本质关系是关于不同人群在不同时间、空间条件下对矛盾利益进行协调匹配。时空转换的条件是人的实践活动，即政务实践活动。成熟的政务大数据平台从服务效率与服务安全相平衡的角度去调整职能重组与利益格局，变不可治理为可治理状态，社会空间和社会时间的转化正是政务事项得以高效处理的条件。这就要求弄清楚政务大数据发生的时空电子政务平台，把政务发展过程中的问题当作一定历史条件下的历史过程去研究。

三、时空统筹的优化路径

电子政务平台的顶层设计是政务大数据平台设计的首要视角和应有高度。"顶层"强调全局综合和整体统一，设计过程和设计成果站位都要有战略高度。严格意义上的顶层设计是一种带有全局观念的设计思路，实现设

---

❶ 景天魁,何健,等.时空社会学:理论与方法[M].北京:北京师范大学出版社,2012:144.

计目标的方法和途径并不是唯一和固定的。其精髓就是既要有高度，有前瞻性，又要强调"设计"的清晰度和可实施性。可见，政务大数据平台顶层设计发挥作用的大小，重在高层的统筹布局，强调高层对人、时、空、环境及资源条件进行全局性、整体性、前瞻性、战略性的调配与规划。

（一）设计依据

党的十九届四中全会明确要求，创新行政管理和服务方式，加快推进全国一体化政务服务平台建设，健全强有力的行政执行系统，提高政府执行力和公信力。❶ 为此，国务院从顶层设计上对"一网通办"进行全面部署和统筹规划，先后印发《关于加快推进全国一体化在线政务服务平台建设的指导意见》《关于在线政务服务的若干规定》等一系列政策文件。无论是从宏观到微观、从战略到战术、从理论到实践，行政管理和服务都坚持系统观念，都坚持整体思维，都坚持统筹兼顾。

政务大数据的建设要以整个国家的政府体系和根本性的制度设计为基石，以国家层面的顶层设计为统领和指导。应在整合现有资源优势的基础上，考虑各方面、各层次、各因素、各影响，开展自上而下的顶层设计和整体布局，逐步、逐层细化多层次、多主体的顶层设计。多层次、多主体的顶层设计有着不可回避的前提，就是国家层面的宏观战略指导。从设计主体来讲，地方层面、行业领域的顶层设计也不可或缺，甚至一个系统、一个单位机构内部也可以有自己的顶层设计。因此，尊重并发挥地方政府的自主创造力，畅通中央和地方的双向沟通渠道，鼓励地方政府在中央统筹下进行有特色的实践，对于政务大数据建设具有重要意义。

顶层设计离不开科学理念的指导，而理念是战略和实践的共同灵魂。战略体现的是一种全局观、体系观，具有稳定性。统一的战略理念要渗入政务大数据每一个环节中去，成为支配一切行动的灵魂。战略理念至关重要，它不仅是一个概念，而是由不同层级的子理念组成的理念体系，是基本的、稳定的内容。在理念认同的前提下，每一项工作或事业有其各自的

---

❶　中国共产党第十九届中央委员会第四次全体会议文件汇编［M］.北京:人民出版社,2019:35.

具体情况，允许独立思考，对战略理念不能简单地照搬照用。如果某些理念并不完全符合原有的战略理念，却能带来更大的生机与活力，就需要战略理念上的反思，列出差距性问题清单，把本组织的现实中存在的差距一个个陈列出来。这样的问题不能被简单地否定。

实际上，不同区域、不同行业，往往存在许多与战略理念不一致的环节，这时一定要从战略理念的角度进行判断，而不要无限度地扩张某些狭隘思维。从战略层面看，要确保政务大数据平台的发展目标及业务架构同政府使命、战略目标、工作重点、业务职责保持高度一致，明确对应特定业务领域、业务专线。政务平台的建设要有超前的战略眼光，顶层设计要围绕体系建设的发展理念，将分散的资源、交叉重叠的部门整合到一个平台上，实时分析预测、捕捉复杂交错的服务需求，全时全域追踪服务回应速度与质量、服务评价、反馈与改善。

新的电子政务云平台设计不是要推翻原来的体系框架和组织架构，不能放弃旧有的那种功能上相互独立的体系，而是要在原有基础上创新。当然，也不能否定之前的电子政务系统存在的价值。原有的电子政务系统在大数据时代完成了既定使命，但它并没有完结，它还有一个转化环节。转化的实质是推动发展、促进创新的过程，不仅要考虑自身的生存与发展问题，还要考虑其内外转化，转化到另一个更新、更高、更切实的阶段中去，使之不仅是成功的、优化的，而且是良性循环的。这既包括电子政务旧系统的完结与新系统产生的二者融合问题，又包括电子政务平台直接演变成另一个"统一体"，产生了目的和性质上的差异，但在发展方向上是连续的，发展前景也是延展的。

破解电子政务发展瓶颈的关键就是实现顶层设计与中下层设计同步的统筹兼顾。要从理解最终用户的需求和期望着手，抛开任何限制条件设计新的过程，想方设法力求满足"扩展性目标"。它迫使各个部门和各项职能打破旧有的界限，从用户的主要需求和不满着手。总之，其转型处于制度形态和经济形态急剧转型之中，并不是一蹴而就的。

（二）统筹规划

统筹是在客观现实中的时、空、物或时、空、人相统一基础上的筹划，本质上建立在尊重多样性、关注偶然性、强调实践性上的实践智慧的运用，不是为建系统而建系统，其重点在于"统筹"，也是一种整体思维。统筹即统领、统揽全局，以整体主义和战略思维为基本理念。通俗地讲，统筹就是从比较中找差异，从差异中求统一，从系统中求优化，从协调中求成功，从循环中求发展。统筹规划并非具体的对策，不受一般系统思维的局限，是以大系统观关注被"遗漏"的关联。其应将资源权衡、关系协调、利益考量、行动置换贯穿于政务大数据统筹规划全过程中，在对应、对等、对称的条件下寻找和辨别差异，寻找内在联系；否则，就是不客观的，是任意的。某个要素性能好，整体性能并不一定达到最优，不应盲目追求个别设备、系统或功能的档次和先进性。

党和政府非常重视电子政务和统筹规划。

一是发展环境和政策环境持续优化。2016 年，由中央网信办牵头，出台了国家电子政务统筹协调机制，制定了国家电子政务总体方案，建立了国家电子政务工作统筹协调会议制度、重大事项会商和重大事项报告制度等。2018 年3 月，国家电子政务专家委员会成立，并明确了职能定位、宗旨使命、工作机制等。它是国家电子政务工作统筹协调机制的重要组成部分，有力地推动了我国电子政务建设和管理工作的专业化、科学化、民主化和规范化。

二是政策供给持续加强。在顶层设计方面，《国家信息化发展战略纲要》《"十三五"国家信息化规划》《"十三五"国家政务信息化工程建设规划》《"十四五"国家信息化规划》《"十四五"推进国家政务信息化规划》等重大战略规划相继颁布，《"十四五"数字经济发展规划》《国务院关于加强数字政府建设的指导意见》《法治政府建设实施纲要（2021—2025 年）》《数字乡村发展战略纲要》等一系列创新性制度陆续出台。这些政策文件将政务数据列为重点工作并进行工作部署，为政府数字化转型提供了制度与政策保障。

三是政务数据应用场景不断拓展。党中央、国务院先后印发电子政务协调发展，推进审批服务便民化、一体化政务服务平台，加强有效监管等一系列重要文件，颁布并实施国务院关于网上政务服务若干规定等一系列行政法规和部门规章，推进数字政府建设的法律制度环境不断健全完善。[1]

之所以在政务大数据平台建设的全过程中贯彻统筹理念，是为了平衡精准治理与韧性扩展。统筹规划的实践过程就是宏伟蓝图实施落地的过程。制定出整体需要的目标，再划分模块与区域，寻找问题点、症结点、未来点、升级点、突破点、操作点，不断对标顶层设计，实现螺旋上升式迭代升级。围绕顶层设计之精髓，着眼于政务发展需要对异质人群的时空重组，要整合优化政府现有职能和业务职能，在多层复杂网络空间不断转化样本数据与基础性的公共问题，构建不同层级、不同系统的局部数据与整体数据的层层自相似结构。自相似结构反映的是复杂网络中的某些特征在不同尺度上表现出相似的性质。这种自相似结构体现出政务大数据平台建设中存在统一规范的系统结构，这些结构可能在更小领域内以类似的方式重复出现。不仅要研究政务大数据的存在基础、构成要素、蕴含资源和运行方式等，还要研究它对政务服务在场空间中存在的局部影响、导引、矛盾与冲突。

在宏观层面，国家是最高级别的统筹主体。在中观层面，国家权力机关和国家行政机关的统筹职能与其他机构既有区别又有联系。在微观层面，一般有权对电子政务事项活动的筹划和实施决策的主事者及其辅助决策的群体甚至上级部门及其主管部门都是统筹主体的一个重要组成部分。为最大限度发挥数据的应用价值，既要注重底层架构的设计，又要注重数据产生的来源与价值，与具体业务适度耦合，实现对实时和非实时数据计算能力可视化展示。

在整个设计过程中，需要清楚描述现有过程是如何运行的，揭示被采纳的变革和现有的运行过程有何不同，它的益处何在，还要注意寻求各部分变化的一致性。在权力配置模式上要重点考量政民关系、公民权利、政府职能、制度框架方面，一方面给权，一方面留权。根据现有电子政务过

———————————

[1] 王益民,刘密霞.中国电子政务发展报告(2023)[M].北京:社会科学文献出版社,2023:13-23.

程，通过统一数据平台构建和数据归聚，对政务各环节进行整体系统比对和精准数据比对，查看办件进度、办件堵点与难点，发现办事指南中哪些相关政策法规是过期的，有针对性地及时修正、优化、调整政务事项，减少政府因"后知后觉"调整产生的政务成本。跨渠道、跨部门、跨政企激活独立闲置的数据资源，将独立的资源和区域人才连成强大接力链条，演变成多次复用的价值线索，体现出完整、鲜活、准确的资源与用户分析能力。

对政务大数据的战略统筹就是在"不确定—确定—不确定"中循环往复地进行一体化转化，实现对人、时、空的共存利用、一体利用、匹配利用。高站位战略统筹要破除现有公共服务与公共利益协调中的不公正、不合理的环节，拓展更多渠道与途径，保障更多主体参与政务服务建设与发展，保证实现的务实性、可实施性与超前性。这并不是一个空洞的愿景，而是清晰的、动态的、开放的路线图，是以数据要素驱动的世界观为指导原则，构建的一个共建共享共生的治理体系。这需要在安排上坚持长期、中期和短期的结合，时机和效率的价值结合，不同群体利益协调等。这是运用多种复合思维逻辑、模式、机制及对策等，整合各种优势和资源，确保政务实践活动切合人时空匹配状况的实际。

统筹规划不再是某个单独部门的职能，也不是取决于某一领域，领域与领域之间的互动与制衡更加紧密，尝试寻找当下与未来的确定性与可控性成为趋势。将制度体系建设作为政务大数据建设的发力点和突破口，把协同机制转化为可操作和可执行的制度性安排是运行（实施）的关键。运行（实施）机制是为了解决制度结构所确定的任务，对"如何做""怎么做"给出具体的规范或约定，要根据实际、时空变化特点全面灵活调整发展规划。

（三）价值归旨

政务大数据实践是置身于复杂的历史情境和现实诉求的主客观世界之中，对价值旨归的认识过程至关重要。这是因为，政务大数据坚持社会主义，坚持以人民为中心，其制度逻辑本质上有利于保证和实现最广大群众的根本利益。因此，政务大数据工作与党和人民的事业是高度一致的，这就决定了其事业取向要服从国家与民族事业的大局。

在实践探索中，仅仅停留在理念推广中还是远远不足的。在实践中要实现发展和整体利益、群众利益的有机统一，全面考量不同群众的个人利益和集体利益、局部利益和整体利益、当前利益和长远利益，这是价值旨归的前提与基础。厘清现象与本质的关系就要站在群众立场上，衡量政务大数据人民性特质的标尺是人民群众是否满意。因此，政务大数据工作要把维持或形成价值动力作为先决条件来对待，把以人民的需求、人民的利益为中心置于主导地位。

电子政务平台建设，应当兼顾自上而下的供给推动和自下而上的需求拉动。自上而下靠的是传统的科层结构，自下而上则是依靠网格化管理。政府最大程度改变自身服务模式，变身为围绕公众需求与自身服务的管理者与创新者，平衡各方诉求。从具体的问题、具体的事项、具体的人、具体的点入手，弄清楚点与点之间的关系，再根据若干点之间的关系，推出总体、系统的判断。通过推动数据由技术手段向治理工具转变，将符合用户关注点及切身利益的政务服务信息和通道前移，准确分析公共政务服务对大规模社会群体行为及特定民意的影响，准确预知不同群体的行为特征、社会行为、民意走势等。这些体现了政务服务工作与群众工作在价值旨归上的契合。

公共价值着眼的是总体性意义，是公共领域、公共活动、公共事务内蕴含着的"公共性"与共同价值，是由特定共同体提供，并为其成员所认同和接受的规范性产物。它指向一种合理性意义，是对公平正义、良性互动社会关系的期许，是追求美好生活得以存续和繁盛的深厚根基。要正确理解价值旨归，以人民相应价值诉求为前提，规定政务大数据的性质、内涵、限度、边界与方向。

现实中，政务大数据服务主体与服务受众之间的界限不再泾渭分明，变成了一种多向互助的关系，公众成为服务的创造主体。这是打破部门边界来简化和优化组织结构，实现职权责重新匹配，以确保资源与工作任务的合理配置。新的统筹规划要以用户至上的逻辑为主，围绕需求进行组织设计，以解决群众反映的实际问题作为政务服务的核心，避免统筹规划陷于抽象和空洞之中，将目标过度泛化。如果政务大数据的统筹规划没有与人民立场相匹配，则难以挖掘出党和政府及人民所需的整体价值和有效价值。因此，统筹规划架构的思想应该是持续性的，全过程的。

（四）数据关联

无论是大数据时代还是小数据时代，数据关系都存在且有用。这是因为，一开始人们关注的是数据个体的价值，单个数据的价值随着时间的流逝开始下降，数据年代越长，数据的汇集价值就越突出。大数据的分析逻辑：观察现象—建立界定—比较描述—可视化展示—寻求解释—破解问题。一个单独的数据项或独立的数字可能没多大价值，可一旦关联起来，其背后的潜在数字价值可能就非常大。实际上，很多看似毫不关联的事件或行为，背后有着相似的行为逻辑。要破解这一问题，关键要有规律可循、有规矩可守。对"规律"的理解，不能停留在经验范围内、直观事物外在的因果关系上，而是要深入事物内部去探求"本质的关系或本质之间的关系"。这也就要求大数据挖掘"是什么"和"为什么"的深层次区别和联系。

政务大数据仅关注"是什么"是不够的，更需要对"为什么"剥茧抽丝，厘清脉络。"是什么"是"为什么"的前提条件。而今追问"为什么"的目的和方式可能与大数据技术出现之前不同，深层次地思考"为什么"是为了在"量"的把握的基础上形成对经验对象"质"的整体性把握，创构出新的"是什么"。为更有效地把握社会复杂互动背景下"因果性"，需要从相关关系到因果关系进行推断，而预测的精髓则基于关联共现性的特征向量提取和比对。相关性揭示的正是复杂性。如何从相关关系中推断出因果关系，其背后的理由才是揭示新知识与新发现的关键，也是大数据真正的问题所在。

作为因果派生关系，相关关系植根于因果关系，把关注点放在内在的因果性上的相关分析，才是对因果性的超越。因果关系不仅是形式上线性稳定的关系，更是发出动态力量，影响后续事物的发展方向。之所以这样说，是因为相关性可以不同程度地预测未来可能的方式与结果。当然，特定潜在结果的预判仍然是以因果关系为基础的。

社会现实空间的任何行为在信息时代都能以"数据"的形式表示出来，但是单纯的海量数据并不会自动产生价值。只有根据数据需要，选择合适的技术，运用适当的算法"爬梳"，提取出有用的信息，将数据要素转变为有价值的信息，才能获得数据中的潜在信息。

政务大数据并非仅是数据，涉及社会的方方面面，"牵一发而动全身"。按照单位性质、职位、区域、人群、民族和性别等诸多因素，选取政务大数据平台的具体案例事实作为分析的对象，挖掘来自时间和空间局部领域的案例现象或者业务环节等具体信息，可发现社会现象的可预期性、公共性、可重现性、整体性和历史性，和社会行为及其事件因何发生，在什么条件下发生，什么样的政务服务和公共产品可满足民众的真正需求，推动电子政务发展的动力来自什么等。

大数据时代最核心的特质是用数据找机会。可通过对电子政务的非结构数据进行语义分析或关联分析，"聆听"民众的心声，感知民众对政府公共服务政策与执行的反应，找出看来毫无关系的、实则不然的"数据关联性"。尽管政务平台已建设得较为完备，但由于数据操作全生命周期都离不开人这一主体的设计、实施与运营管理，人的判断终究会存在价值取向和行为倾向，不同的人对数据工作流程链条、数据认识和理解不尽相同。也就是，无论采用多少数据，也不管技术如何升级，预测都不可能免除人的主观价值判断。

第二节　政务大数据时空平台建设

党的十八届五中全会提出实施"国家大数据战略"，党的十九大报告中也提出建设数字中国、智慧社会。习近平总书记强调，"要运用大数据提升国家治理现代化水平，要建立健全大数据辅助科学决策和社会治理的机制，推进政府管理和社会治理模式创新"。❶数据强国是以新时代的中国式现代化建设作为对象，未来的国家治理离不开大数据带来的全息数据和决策优

---

❶ 胡仙芝，等. 新时代中国特色社会主义行政改革研究［M］. 北京：人民出版社，2020：243.

势。正如中国工程院李国杰院士所说，"治大国需要大智慧，智慧来源应该是数据，而不是主观臆断"。❶

政务大数据不是随意纳入、主观设定的，而是客观现实的本质反映，是按照一定的秩序存在并发展的。政务大数据时空平台需要制度安排良好运作，也是"嵌入式制度"。"无论是对内部还是外部的利益相关者，数字治理的推进措施都要嵌入相关个体和群体的现有生活，以及生活变化趋势之中，即扩展其复合效应和互动逻辑才能真正提升电子治理的实际价值。"❷

一、政务大数据时空平台顶层设计

（一）理顺重点关系

政务大数据平台建设需要多维破题。为确保"统一体"的实用性和实效性，政务大数据的业务运作核心与生存发展运作核心高度融合，在极大程度上契合公共服务由高增长向高质量发展的大趋势，有效促进政策资源的集聚、管理与应用。而如何实现不同机构、不同系统间的数据"相逢但不相识""可用但不可见"，形成机会把握和风险规避相结合的良性机制，不仅是技术上的难点，还是痛点。因为现有的部分政府部门单位缺乏政务协同意识，创新数据挖掘的积极性不高，也缺少运用整体观点来落实及调试执行策略与动力，这是关键所在。

1. 体制机制

数字治理目标要落实，就要做到以下几点。首先，领导要形成应用数据管理决策思维的习惯。尽管有的地方政府建立了类似辅助决策的信息系统，但由于还是比较习惯采用传统方式来管理决策，政务平台的利用率并不高。其次，各单位在不同时期先后建立的各式各样的业务系统由不同厂商建设运维，加之多年来根据需求的不断变更和升级改造，导致单位的业务系统、数据资源被最初承建系统的厂商所"绑架"，每年需要付出高额的运维费用。最后，在数据产权界定不清、个人信息保护制度尚未健全、企

❶　中国大数据产业观察.大数据干部读本[M].贵阳:贵州人民出版社,2017:74.
❷　白翠芳,张毅.台湾电子治理研究中心研究成果分析及其启示[J].电子政务,2014(2):76.

业内部自律不足的情况下，一些互联网企业急功近利，利用各种手段非法收集、分析和传播网民隐私数据问题亟待解决。

政务大数据在互联网实现公共服务治理现代化过程中，制度上要坚持实现公共价值与美好生活是政务大数据价值的应有之义。从纵向上看，可以不断消除政府的科层制度障碍，提高公共行政效率；从横向上看，可打破政府部门之间的边界，跨界联动消除"数字鸿沟"等问题。尤其是跨部门的整体业务深度协同，能够减少部门之间的推诿，实现在数据协同前提下满足公共价值最大化。

实质上，政务服务的核心都是围绕公共价值最大化展开的，公共服务是实现公共价值最大化的重要手段，无论是国家理念、社会结构，还是价值诉求、治理方式，二者都呈现高度的契合性。公共价值体现的是政务服务满足公众使用的共同性，共同达到整体性、高层次的需要。这种需要伴随着政务的产生和发展，并不断变化。在多元主体协同共治和多元机制复合治理的总体原则之下，国家治理思路、治理手段、治理模式、治理视野随着互联网格局与形势的变化而做出相应调整，形成一个包含政府动员、社会治理、民主协商有机协调的整体性工程，以带来整体功能倍增的耦合协同效应。

2. 内外循环

著名的传播学学者马歇尔·麦克卢汉曾经说过，随着信息运动速度的增加，政治变化的趋向是逐渐偏离选民代表政治，走向全民立即卷入中央决策行为的政治。❶ 这也说明，信息网络技术的应用推动了公众与政府之间的无中介对话，公众在政治运行过程中越来越渴望能真正参与，既想通过正式渠道获取有效数据，又想真实表达自己的思想、意图和价值取向，这体现出信息在内外部的良性循环上。这与现有政务大数据的特征是一致的，内部循环要以内需为主导，外部循环则与主客体相关的环境密不可分。

内外循环的关键在于对政务大数据价值的判断。有些大数据的价值是适应价值，有些大数据的价值易受外部因素影响。当然，对于其价值优劣

---

❶ 麦克卢汉.理解媒介:论人的延伸[M].何道宽,译.北京:商务印书馆,2000:225.

的判断还要进一步区分为现成价值和备用价值，这要根据其处于生命周期的阶段，要对其适应强度大小和适应周期长短加以辨别。现成价值是对电子政务整体需要有价值的数据。但备用价值更值得注意，它并不是可有可无的价值，往往具有巨大的潜在价值，因为它处于生长阶段，决定着数据资源从产生到消亡的成本，对整个内外循环发展起着举足轻重的作用。

当信息不对称、利益诉求不一致、行为方式不统一、实践力量不匹配时，二者之间会出现映射的"对称性破缺"。现有的一些政务系统由于没有充分了解原来的问题，没有在超前预见的基础之上建设，新旧问题交织，数据数量加倍且高度复杂，在大数据时代不能很好地满足政务发展的需要。实际上，科学认识与技术手段不能完全解决不确定问题。政务大数据资源的可用性和易用性受诸多社会前提制约。政务大数据作为信息资源的一种类型，无论是以物理形式还是以数据形式存在，都需要在其生命周期内实现数据价值最大化。随着数据传递速度越来越快，信息流动和数据更新日新月异，业务数字化与数据业务化的相生相促，以及信息资源的重新分配与全盘统筹也重新建构了政务平台。

政务大数据特有的多维功能及透明优势，在一定程度上消解了信息不对称和各领域治理失灵的"病灶"，防止了政府信息在传播中出现断层现象。信息受阻难以察觉，越是关键信息，代偿性往往越小，但会造成连锁反应的严重后果。信息对称以信息流动的畅达为前提，流动的畅通孕育着共享的信息生态，共享的信息生态形塑着新的文明形态。由此可见，信息对称和不对称的合理平衡深层次关涉政务大数据的良性发展。

畅通政务大循环，需要解决好系统内外发展不平衡问题。内部平衡得好，内循环才会畅通，才会有内外循环相互促进的发展格局。构建内外循环的前提是推动区域协同发展。只有内外循环良性互动方可成就一个可持续的发展过程。在内外兼修的过程中，内外循环要着力向空间、时间维度拓展。

政务大数据的内外循环畅通作为治理现代化过程的重要组成部分，内蕴着对社会良性秩序与主体可能得到的现实价值承诺的实现，二者在宏观与微观之间存在着本质关联。倘若没有畅通的内外循环和良性循环，政务服务的痛点与难点将难以根除。内外良性循环就是内外部信息可以实现良好互动和共享，避免和消除循环间壁垒，真正让数据流动起来。值得注意的是，国内外循环是建立在国内大循环的基础上的，必须坚持全国"一盘棋"，决不能搞区域小循环、系统小循环，决不能搞区域分割、系统分割，也不能搞成区域自循环、系统自循环。每个地方的域内循环都要畅通，只有小循环畅通，大循环才有可能，内外循环才可实现。

3. 价值取向

政务大数据作为电子政务在大数据时代的"革命"产物，是以改革为特征的。革命原本是经济基础和上层建筑之间的关系调整。谈起"革命"，不得不提工具革命、组织革命、决策革命，其中组织革命是重中之重。"组织革命"是通过对原有的概念、观念、理念、思路的组分、组合，优化政府职能、组织构架，推动业务数据化向数据业务化发展，实现人、时、空及其作用的统一。"工具革命""组织革命""决策革命"都是为了确保政务大数据价值取向的实现，以数据赋能保证"正确地做事"和"做正确的事"。

"做正确的事"，是发展方向的选择，是决策层思维方式，选择的是"做什么"。"正确地做事"涉及的则是规划或计划进一步优化的问题，常是执行层面的思维方式，关注的是"怎么做"。"做什么"对不确定时空的压缩幅度和程度远大于"怎么做"。"正确的方法"，不仅是从感性到理性、具体事实到抽象命题，还把抽象思维上升到具体的方法，运用抽象思维指导具体的社会实践。因此，"做正确的事"比"正确地做事"更重要，前者比后者具有更高的层次性。

政务大数据是客观现实的本质反映，是按照一定的秩序存在并发展的。在具体实施过程中，须在有用、有效、有利的价值取向指导下，通过数据的整合、分析和开放，突破目前由于视野的局限性而硬性割裂事物间联系的僵局，超越时空限度。

当组织形态与数据服务体系适应匹配时，组织形态反映了组织的灵魂，即文化价值观体系或价值取向。对不同类别的政务大数据的存在形态、处理方式、流动方式及不同利益关系进行整合、加工、挖掘、分析，可以体现不同的价值取向。对于组织外部而言，智能技术改变了数据信息资源的外部环境，并以信息生命周期、信息生态系统、信息效能评价为核心要素整体构建政务大数据治理模型。对于组织内部人员，随着组织的内涵外延、功能结构、运作机理、边界范围的重新定义，整个组织和个体关系的不确定性增加了，人员的职责、职能、角色及能力都发生了变化，人与组织的关系亟待重塑。

习近平新时代中国特色社会主义思想的最高价值取向是以人民为中心。国家治理能力现代化要遵从公共价值的引导发展，形成公共生活演进的最高形态，这也是众多价值取向的全部意义之所在。在中国，普遍性、整体性意义上的公共价值是为最广大人民的根本利益提供美好生活的指导。这种价值取向直接引领着其发展和创新的理论特质、价值目标和实践方向，对政务大数据的性质、内涵、限度、边界和方向的影响是最大的。通过大数据技术打造一个全新的、具有广泛包容性和柔性的治理结构与治理形态的政务大数据平台。技术使用主体在没有明确需求的情况下，尽管以资源整合为基本目标，但政务大数据资源的增量发展与存量优化的良性互动还是要根据价值取向来做出优先级的选择。因此，加快推进治理现代化，公共价值最大化的价值理念，必须贯穿于政务大数据的开发、建设与发展的过程中。

（二）关键要素

1. 工具理性与价值理性

探索政务大数据的真正意义是利用大数据技术挖掘数据价值。大数据带来的是一场结构性的革命，要看到其长期性、渐进性、持续性。政务大数据是信息技术和信息资源的复合双面体，政务大数据治理自然包含信息技术与信息资源的双面指向，要多做"应不应该办"的价值判断而非简单的"可不可以办"的技术判断，进而实现价值理性和工具理性的有机统一。❶ 政务大数据因社会情境和目标的不同，既受到技术的影响，也受到组织本身的结构与技术的互动作用。二者只有以人为本，才能实现比技术价

---

❶　范逢春,王彪.政务大数据治理的内涵辨析与逻辑建构[J].中共天津市委党校学报,2023(1):75-85.

值更高层面的公共价值。

政务大数据的工具理性，主要指的是在政务实践过程中的主体和客体受其自身目的和意识支配，基于理性的能力和工具合理的逻辑原则，对政务大数据做出工具合理性规定的理性形式。它主要强调手段至上逻辑，注重条件、过程和程序，倾向于解决"如何做"达到特定目标的能力和可能性问题。由于数据本身并无意识，数据的积淀也没有事先渗透主观意图，采用的是自动数据分析，在把数据由"厚"变"薄"，从"大"变"小"，再从"小"到"大"的过程中，数据发生了"质变"。某个数据或单个流程的修改或变化并不会影响总体上的趋势走向。这从侧面反映了政务大数据资源以信息技术协同创新为增长线，在效用逻辑驱动下，技术使用主体受思维特质、价值观念支配最大程度开发其价值。

就政务大数据的价值理性而言，其本质、目标和结果集中体现在政务大数据的人民性和公共性的价值理性上。这种"以人为本"的本质追问，从真理维度深刻揭示了政务发展的规律性。价值理性坚持的是价值逻辑，强调目的至上逻辑，引入了价值判断，主要倾向于主体解决政务实践"做什么"的问题，这与工具理性要解决的问题并不相同。由于"精神世界"作用的存在，人的有限理性与世界的不确定使"数字的社会化"与现实世界的公共问题不是"一一对应"。❶ 人们对政务平台技术的引入寄予了公平、民主、法治等更为本质的期待，表达出对新文明的倡导和对人性更完美的期待。公共价值共识基础上的美好生活追求，相伴于理想主义的天然追求，表征是错综复杂的利益演进的主流特质，是以特定制度共同体的方式不懈追求最大公约数的公共价值集体性认同。

基于技术能力的社会主体在"技术赋权"下，实质上是自我意识表达的提升，拥有更多的社会管理权，重塑了传统社会中的权力关系，并对现实社会产生一定的反作用。当然，这并不意味着就只遵循工具理性，完全依靠大数据技术进行决策，而忽视人的领导力和判断力。从现实和实践上讲，充分考虑并重视数据是一种思维方式，重视它在治理中的特殊地位、

---

❶ 范如国.公共管理研究基于大数据与社会计算的方法论革命[J].中国社会科学，2018(9)：74-91,205.

功用、功效，正是工具理性所偏爱的。这种工具理性趋向"以公民为中心"增进公共价值的核心价值，实现良善的治理。被"技术赋权"的社会主体同样不能随意使用这种被赋予的权力，应该注重自身的自律与自觉性，与多主体的他律、互律机制的规范性、合法性。必须警惕工具理性的膨胀，防止走向技术至上，防止"互联网陷阱""数据漩涡"，更要避免陷入技术决定论、工具主义的桎梏，忘却了人文精神和意义追求的价值，背离了研究的根本目的。

探寻工具理性和价值理性整合的可能与限度，既是对政务大数据的理性反思，也是政务大数据最终能否实现理性突围的关键。工具理性是价值理性的现实支撑，所有的工具理性都服从和服务于价值理性。同样的技术，在不同的价值体系框架下，可能产生完全不同的效用。工具的价值在于利用科学的分析工具排除假象和无关因素的干扰，揭示客观事物关系和本质。无论是工具理性还是价值理性，内在本质是同一的，指的是政务实践过程中大数据所凝聚的人的理性意识与能力，是人的理性精神、能力与数据客观性的反映形式，是人对政务大数据的规律性认识与实践能力的表现形式。价值理性与工具理性并不是一直处于均衡稳定之中，而是不断较量、不断博弈。

2. 系统观念与统筹能力

党的十九届五中全会把"坚持系统观念"作为我国"十四五"时期经济社会发展必须遵循的一个重要原则。党的二十大报告再次明确指出，必须坚持系统观念。系统观念，是客观地、全面地、发展地观察和分析事物，是一种整体思维。其内涵包括前瞻性思考、全局性谋划、战略性布局、整体性推进。它强调要始终把政务服务作为一个体系来认识、把握、谋划，注意统筹兼顾、协调配合，实现整体推进和重点突破相统一。坚持系统观念，以整体性思维理解政务大数据体系，就必须理解体系各要素的关系，要素间要彼此联结、主客体交融、互为因果，让体系成为有机整体。

整体思维强调社会治理是建立在系统工程条件和思维之上的整体性过程，而过程的实现要依靠调试正式权力与其施加对象之间的复杂关联，将其转变到关系适合、适当、适度状态，探索并生发出兼顾秩序与活力的新机制。这并不是计划调整问题，也不是系统优化问题，更不是具象的业务操作技术层面问题，而是组织问题、体系问题、统筹问题，是战略决策层问题。这就需要在统筹国家级、省级、市级、县级、乡级五级政务服务应用需求的基础上，畅通数据通道，合理、合法、合规地分层级保护数据资源权益，为数据共享和业务协同提供支撑，实现内外网横向纵向联通。但前瞻性的统筹规划离不开宏观的、长远的、全局的战略部署。

要统筹规划发展蓝图，先规划后实施，用规划引导建设。不仅需要考虑政务大数据自身发展的内外部环境，还需要从全球的思维高度，关注发展趋势及发展过程中的隐患。统筹规划考验的是体系建设能力，政务大数据平台建构伊始，就应该兼顾全局，而不只是针对某个方面、某个系统、某个单位。因为体系中各环节和要素之间是不能按"平均主义"的价值排序呈现，而要进一步明确该形成什么样的体系，什么才是其主要内容，什么才是次要内容，什么仅是起保障作用。毕竟，针对整体某个特定方面或特性展开的整体性综合是系统筹划，主观上把本质上不可控的因素或关系当可控的对待，虽涉及整体但在广度和深度上还不是整体本身，也称不上体系建设。因此，基于系统观念的顶层设计，不应该是"断裂式"的，而应是内在一致的连贯整体，着眼的是大局与整体统一。

党的二十届二中全会通过了《党和国家机构改革方案》，组建国家数据局，这是统筹推进各地数据管理局整合以组织实施国家大数据战略，这是管理体制上的最大创新之一。换言之，运用互联网和新技术整合重构政府部门的组织流程和服务模式，以体制机制再造为突破口，实现数据资源整合和开发利用的"化学反应"式的深层次变革。从理论上，政务与政务处理、政府数据资源、政府数据治理、公共服务与政府数据资产等，都是国家数据局的统筹对象。因此，有必要推进各部门非涉密业务专网向电子政务外网迁移整合，做到在向上归集数据的同时，又对保留在本地的数据建立起政务数据资源回流机制。

坚持系统观念，要求在建设政务大数据平台时，必须着眼于整体来筹划布局，把整体的效益和功能作为首要考量，发挥公共价值的根本归宿和出发点的导向作用。更为重要的是，公共价值在包括对人文价值的偏好、美好生活的向往、公平正义的追求的同时，还包含生存和发展的需要。各层级数据接入政务大数据平台公共信息资源库，融合先进的信息技术及优秀的传统管理模式，确保了各层级基础数据的同步性与唯一性。政务部门还要有前瞻性的横向跨界思维，运用大数据采集、大数据预处理、大数据存储与管理、大数据分析及挖掘等处理技术，建构一个并行分布式政务云数据库。只有如此，方能关注现实社会时空情境的分化和在变化中关注地方性差异、角色性差异甚至个人性差异，摆脱和超越发展中的困境与瓶颈。

政务大数据平台的建设会影响经济、政治、文化和社会生态等其他领域。从空间维度看，其建设要坚持整体推进，增强全局观念，树立"一盘棋"的思想。从时间维度看，政务大数据体系具有动态性的特征，是作为过程而存在的。政府对线上线下不同层级用户的诉求和行动拥有合理、合情、合法的"集体表象"实时掌控，施以制度、情感、道德尊重并正确地"解码"。解码成功的根本标志是赋权能力的重构。在数字革命背景下，赋权能力的重构要将各类数字弱势群体包容进来，主要是以包容性为核心特征，通过数字技能和素养的培养来应对在不同应用场景中数字化产品存在的算法或内部结构的不透明。❶

在平衡顶层设计和总体目标分解成具体任务的过程中，各级领导的统筹意识与统筹能力是行政机关自我革命的关键所在。领导干部的统筹思维与能力的提升有助于发挥大数据预知风险的感知作用，科学防范低质量数据在政务决策中的危害。在相应的制度框架与价值体系下，政务活动要有完整的价值体现，不仅要秉承传统行政价值，还要探寻新的行政价值，从全局性、整体性的视角切入才能深刻把握。可以说，这既是改善政府决策、提高治理能力、增进治理效果的信息依据，又是新时代彰显行政价值和政府责任的必然要求，还是对行政能力和行政技术的考验。只有具备统筹意识和统筹能力，将事项的关联性和审批链的完整性考虑进去，"应收尽收"集中审批事项及规划愿景才能落地生根。

---

❶ 高奇琦.国家数字能力:数字革命中的国家治理能力建设[J].中国社会科学,2023(1):44—61.

二、政务大数据时空平台建设

2016 年 4 月 19 日，习近平总书记在网络安全与信息化工作座谈会上明确提出，要以信息化推进国家治理体系和治理能力现代化，统筹发展电子政务，构建一体化在线服务平台，分级分类推进新型智慧城市建设，打通信息壁垒，构建全国信息资源共享体系，更好地用信息化手段感知社会态势、畅通沟通渠道、辅助科学决策。❶ 同年 9 月 14 日，李克强总理主持召开国务院常务会议时指出，促进各部门、各层级、各业务系统互联互通，力争到 2017 年年底前，各省级政府、国务院有关部门建成面向公众的一体化网上政务服务平台；2020 年年底前，建成覆盖全国、一网办理的"互联网+政务服务"体系。❷

政务大数据时空平台建设并非仅是系统建设，而是体系建设，含有可控因素和不可控的关系与成分：既包括政务发展的自身需求，也包括与之相关的社会、政治、经济因素及环境变化，还包括组织结构、职能调整、体制机制等各方面的协调整合。这种从源头上做整体综合考虑的思路，合乎政务大数据发展的需要，贴近当前环境的效用价值需求。这是因为，政务大数据的规模日益巨大、关系日趋复杂、关涉人群日益广泛、涉及事项情况复杂多变，只有站在中国政治结构整体的高度来统筹研究问题，才能全面把握政治过程，找到破解难题的恰当切入点。这一切恰恰是统筹科学本身所能解决得了的。

（一）基于时空视角下的政务大数据整体建构

1. 重塑体系，共建理念

数字化转型对政府而言，是机遇也是挑战。数字鸿沟、信息安全等问题依然显性或隐性存在，影响着政务平台的发展。现实与虚拟的重叠渗透、线上线下的融合流动，加剧了数据管理的复杂性与不可控性。一个国家的任何一个部门都不具备解决某些复杂社会问题所需的全部知识、资源、工

---

❶ 习近平.习近平关于社会主义经济建设论述摘编[M].北京:中央文献出版社,2017:200.

❷ 《政能亮》编委会.政能亮[M].北京:人民出版社,2017:116.

具。任何横向、纵向的部门多数都能在网上跨部门跨层级互联互通、信息共享、业务协同，并建立多层次、多渠道、多主体、多角色的智能协同响应发展环境。

政务大数据是信息资源的核心组成部分，信息环境的重要性和复杂性使不同系统存有差异，有些系统不能互相兼容，有些系统扩展成本相对高。即便是公共基础数据库，不同服务和业务对统计口径、粒度、更新速度等也有差异性需求。正是因为差异性需求的存在，政务系统才要通过相互协作生成政务大数据平台的整体功能和价值。由于政府治理过程不是静态的，而是动态化的，部门间高度互联、多元共治，需要资源协同、技术协同、流程协同、制度协同等共同作用，部门间信息更透明可视。大数据平台犹如公共问题的"蓄水池"，不同独立系统中的数据就是"水池中的鱼"，只有"水池"相连通，鱼儿才能自由地来回游动，更好地成长。从战略纵深角度来讲，政务大数据基于时空视角下的运用突破受制于"人"的技术、业务、数据，并使其深度融合，是弥补公共服务缺憾、重铸全新治理形态的现实选择。

基于时空视角下的政务大数据的研究不是在原有电子政务应用领域之外又创造出的另外一个事物或领域，也不能割裂与电子政务的联系，而是建立在电子政务、电子治理、电子社会基础上，更强调技术价值在推动共治中的先导性与基础性，共同推动各个领域的发展和融合，共同创造出合作治理的整合价值。也就是说，在既定条件下，政务大数据具有弥合传统治理和电子治理"治理鸿沟"的倍加效应。

国家治理体系作为一种体系性的存在，并不完全是自上而下或单向度的存在，其包含结构和关系两个维度。结构是由不同制度系统组成的一个整体性系统，而关系包含不同制度间的内部联系。这就要求从问题导向出发，在补短板、强弱项上出实招，找准重要瘀点堵点，破除妨碍政务大数据应用流程的体制机制障碍，立足于政务大循环，形成需求牵引供给、供给创造需求的动态平衡。

要在制度设计中建立不断整合其外部资源、信息，吸纳新的主体进入平台，充分发挥公民在制度创新中的主体性，使多元利益主体诉求的表达渠道制度化。多元利益主体对政府服务的资源分配、体验优化、能力输出的需求，也进一步刺激了平台思维的动力变革、效率变革和质量变革。通过革新传统管理观念，对政务事项进行梳理和重塑，将原来分散的、凌乱的、各自建设的业务交换系统纳入统一交换平台，畅通横向网络互通，从而改变"纵强横弱"的现象。要有一种整体的而不是各自为政、各自为战的方式提供服务，以服务流程代码固化、服务内容体验的优化、用户权益的公开化、服务平台的虚拟化、海量的用户基础，为实现政府与公众双向良性互动提供规则基础。

正常情况下，正式制度与非正式制度并存，正式关系与非正式关系互为补充，正式组织与非正式组织互为条件、相互作用。互斥（不相容）在某些条件下也可以得到中和、抑制或规避。在实践中，制约电子政务统一体生存发展的各种可能性因素，在性质上、时序上、程度上、作用上千差万别，不仅系统间经常出现矛盾、不均衡、不稳定，而且各自内部也会有类似问题存在。

与传统政务信息化相比，政府组织模式、治理体系变革和资源配置机制等，要主动顺应政府数字化转型发展趋势，实现从效率提升到价值创造。要加大统筹协调力度，加强对各部门已建政务信息化项目的升级改造，实现各领域基础设施的整体部署和共建共用。要利用仿真实验、虚拟现实或实物仿真技术，突破时间与地域障碍，变串联为并联整合政务资源，重塑或还原政务服务场景。

新一代的政务大数据平台建设，要整合利用分散在各职能部门的数据资源，为政府提供合理化的组织结构模式与高水平、高效能的政务处理能力，其实质就是政府借助外部力量进行的转型升级行为。其核心在于政府职能机构的整合重构与优化、资源的跨界整合互补。数据资源整合的本质是基于政务特征和数据资源管理属性，将不同类型、不同领域、不同系统和不同结构的数据进行关联和融合，进而建立高效、合理的管理框架以实现数据价值倍增。

依托整体性治理的大战略，跨越时间、空间和部门的制约，推动全国范围内政务服务事项全部纳入平台办理（法律法规另有规定或涉及国家秘密的等除外），以公共入口、公共通道、公共载体实现标准统一、整体联动、业务协同。制定全国统一的电子政务关键性政策、规划、标准及规范，构建包括政务大数据管理领导体系、制度体系、数据资源体系、政务服务体系、智慧政府治理体系等内容的完整实施框架与方案，对其进行统一计划和指导，统筹谋划电子政务所需的关键性基础条件、前瞻性战略准备和精细化操作措施等。搭建起支撑全国业务协同、服务集成、数据汇聚和共享开放的政务大数据管理整体架构，培育数据存储、数据使用、数据安全等产业体系，拓展云链服务，实现网络通、数据通和业务通，进一步促进实体政务与虚拟政务的深度融合。

要建立专门负责政务大数据的统一管理机构——政务大数据工作领导小组，加强电子政务工作的统一归口管理，负责电子政务治理过程中的宏观协调，对各部门和地方政府进行指导。由牵头部门会同参建部门共同完善系统工程搭建框架设计，统筹制定信息共享、业务协同的总体要求和标准规范。各有关部门应按照职责分工，并按照"以统为主、统分结合、注重实效"的要求，加强对政务信息化项目的并联管理。❶

2. 推进筑基云工程建设

2020年3月，党中央做出加快新型基础设施建设（以下简称"新基建"）的战略部署。筑基云工程建设作为新基建的重要组成部分，是构筑政务大数据时空平台的钢筋骨架，是向各行为主体提供软硬件基础设施服务的基础平台。❷ 统筹协调好新基建与传统基建项目的建设时序、重点、资源配置等非常重要。新基建还要将兼容性考虑在内，最大限度利用各部门旧有的机房设施，最大程度减少浪费。

筑基云工程的核心是云平台的建设。云平台作为政务部门数据资源的"蓄水池"和"保管池"，先期可通过政务信息资源目录体系和数据交换共享平台汇聚而成。以下是政务大数据平台建设与对接中移旧建新必须认真

---

❶　国务院办公厅关于印发《国家政务信息化项目建设管理办法》的通知[J].中华人民共和国国务院公报,2020(4):6-10.

❷　徐翔.数字经济时代:大数据与人工智能驱动新经济发展[M].北京:人民出版社,2021:284.

考虑、慎重对待的兼容性问题：对于界面操作人性化，但功能一时难以提升的系统如何处理；对于功能很完善，但难以实现公众需求的情况如何处理；对于公众体验感强，但功能无延展性的如何处理；对于近期状况不理想，但对发展又十分有利的如何处理等。

筑基云工程是一个复杂的系统工程，它融合事实层与价值层、感知层与决策层，包括逻辑统一的云体系、统一的数据中心、高效响应的算力平台、全流程安全可控的"一体化"共享平台。筑基云工程既重视大数据中心的"脑中枢"建设，又关注大数据相互之间的网络关联；既重视结构化数据的分析，又关注非结构化数据的标识，几乎涉及所有结构类型，包括图、文、音、像、表等多源、多元数据；既重视业务结果的可视化展示，也关注业务研判的预警分析；既重视传统政务服务的被动措施，也关注现代电子政务的主动防御与安全保障。

要全面统筹定位平台的战略需求与服务需求，赋能共益、资源富集、无缝对接、整体统筹、深度协同成为新趋势，数据汇集与深度协同是关键。通过数据中心打通多向或双向的数据融通，促进新建平台与现有数据库的有效衔接。统一部署并整合硬件资源，提升算力平台存储能力和节点调度能力，提高各节点接入、调度、计算和检索的速度，及时响应业务需求，支撑各类特色应用。要尽快健全政务数据资源的采集制度，明晰采集主体、采集责任、采集方式，尽可能减少政务数据多方采集，避免数据重复采集，从而提高数据质量。要以动态治理为原则，迭代修正基础库的数据准确性，提升基础数据服务效率。

要加快政府业务流程整合、重构或再造，打破部门与部门间的数据藩篱，将原有的业务藩篱、权力藩篱通过信息化拆解、打通，实现数据的开放共享、业务协同、互联互通。要结合区块链、人工智能、机器学习、物联网、图像视频分析等技术，牵头部门及各部门依据本领域、本单位的实际情况，提出算力建设需求，接受统筹管理。要探索分布式数据库应用，实现数据的高效存储和弹性扩展，提供安全、稳定、可靠的云服务。同时，要从角色、责任、动力三个因素考虑，建构应用开源、标准开放、可扩展、统一的电子政务平台。要完善基础数据库建设，统一进行社会数据的采购，构建各类数据的统一存储和服务中心，保证数据底盘稳固。

要建设全流程可控的国家网络身份管理平台，破解网络空间身份鉴别难题。要做到"一次注册，全网通行，全网可信"，强化实名验证机制，制定用户可信可用等级，保障政务大数据系统网络身份的合法性，有效地对其身份进行鉴别和认证管理。要规范并指导本地电子政务服务平台建设与发展，以"三码"（身份证号码、组织结构代码、房屋编码）关联为抓手，借助统一身份认证体系、电子证照系统、支付平台系统，对接各级政务平台和渠道，强化统一入口、统一认证、统一申请、统一受理、统一标准、统一反馈、统一支付等功能。要通过身份智慧认证实现单点登录，以居民身份证号码作为唯一标识，运用生物特征及网络身份识别等技术，形成线上线下互认的统一身份认证体系，实现多渠道的一次认证、多点互联、无缝切换。

要制定统筹清单，建立统筹管理制度。建立强有力的跨部门协调机制，整合现阶段各部门自行开发的电子政务系统，打破各部门、各条块自我封闭的局面。按照统筹规划、分级审批、分级建设、共享协同的原则，各省份在公共基础平台的基础上积极推进相关网络资源整合，建设兼容性好、接口开放的云平台。明确各地区各部门项目应当全口径纳入管理平台进行统一管理，确保与总体工程保持业务流、数据流及系统接口的一致，以实现共建共享要求。凡是被纳入统筹清单范围的平台、系统、设备，要统一建设开发，而不能让各部门去搞重复建设，实行统建共用制。建立健全清单动态调整和清单信息公开机制，梳理出重点任务清单，对重点工作任务分解、进展过程、完成情况等全过程进行动态跟踪。

要通过优化和调整电子政务服务流程，汇集共享数据，形成统一完善的数据治理体系，以解决实际政务数据业务问题为导向，增强数据治理子系统对政务业务发展的支撑能力。通过挖掘不同时点数据的价值，形成国家意志与客观供需相匹配的运作结构。中央政府统筹布局政务平台建设，需要顶层、中层、基层协同设计，自上而下细致地做好路径规划，明确有关部门和地区的目标任务和职责分工，多元主体协同参与。要打通内外网数据流通渠道，优化升级服务事项、服务流程、服务指南、服务权责、服务监管等。

筑基云工程作为以数据为关键要素的新型基础设施，既是基础设施，也是数字技术，还是一种思维方式。其本质是发挥传统基建和新基建互联互通的连接作用，既打通实体空间之间的相互联系，又打通虚拟空间之间的相互联系，更重要的是打通实体空间和虚拟空间之间的相互联系。实体空间重在有形连接，虚拟空间重在无形连接。筑基云工程突破了时间约束和空间限制，利用各种数字化方式满足政务服务需求，能够节约时空因素形成的各种消耗。筑基云工程建设更注重集约化和整体性理念，要形成"逻辑统一、物理分散"的云格局。

3. 优化数据生态体系

数据生态系统是从"数据要素、数据业务主体和制度规范"三个维度，构建起"数据流—业务流—信任流"在内的以价值为驱动的可信数据要素市场化配置和运营的生态系统。❶ 整体而言，数据生态体系的循环动力来自数据要素、数据业务主体、制度规范。其中，数据要素主要包括政务数据、企业数据；数据业务主体主要包括数据提供方、数据需求方、数据运营平台、生态技术服务商、平台监管者；制度规范主要是与之相关的行业监督机制、保障机制等。

数据生态体系要与技术体系、服务体系、管理体系、组织体系和文化价值体系协同发展。组织体系与文化价值体系是关联现实世界与数据世界的关键。数据生态体系搭建不好，政务大数据的发展取向就难以明朗，智慧政府就很难做起来。因此，引导基于数据体系、数据治理架构数据中台统筹体系由无序向有序动态融合演进是非常必要的。

数据生态体系是政务大数据的核心框架系统，其核心与政务服务精准化有着高度的内在一致性。高效率、高价值和低成本数据需要通过多源异构数据融合机制，进行传输、交换、格式转换等处理与规范，进一步建立一套规范、高效、安全的数据交换机制，以保证数据的深度融合与统一部署，从而实现数据同源、方便数据共享与网络核验。依托社会实验方法，不断进行重复验证、模拟，将计算结果与现实社会进行对比、平行执行，

---

❶ 林镇阳,侯智军,等.数据要素生态系统视角下数据运营平台的服务类型与监管体系构建[J].电子政务,2022(8):89-99.

逐步逼近社会现实。还要建立一套完整的政务数据质量评估、监督、管控体系，定期或不定期地对采集、存储和流通等流程进行检查，开展风险识别和风险管理等级测评，形成闭环的数据质量管理体系。

数据生态体系内的数据要素通过不断流通和汇集产生新价值，低价值数据结合数据使用的真实场景进行高效治理、价值增值和价值沉淀形成高密度数据产品。要构建泛在感知的社会管理基础网络，加快人工智能、大数据、空间信息等新技术的布局应用，从源头上提升政府数据质量。打通通用工具与具体业务之间"最后一公里"的接入，则主要靠统一的规划与标准的数据规则。要规范设立信息要素、类别、格式和特征等采集入库标准。要通过传感器技术、指纹识别技术、射频识别技术、社交网络、视频、坐标定位技术等智能技术的赋权，赋予原本无感的物"有感"，采集不同时段的、不同性质的、不同用途的数据，随时观察、感知、捕捉社会互动情境中多重因子，保证数据采集范围的广泛性与数据源的准确性。

数据生态体系运行的最终目的是数据熵减和价值实现。政府根据自身的职能与特定需求，要厘清数据所有权、经营权和使用权的关系，将主体间的合作逻辑转化为数字逻辑，以实现全过程的共享、共管、共治、共用。数据所有权是数据运营权的母权。数据运营权是负责数据封装和数据产品安全运营的权力，是由数据所有权派生而来的。数据使用权是利用数据运营平台提供的数据资源与算力资源获得价值增值的权力。不过，数据收集者并不等于数据所有权者，即便是数据收集者也要经过授权后方可作为数据实际控制者。零散数据所包含的不对称信息越多，所蕴含的要素价值密度就会越低。政府通过技术手段并辅之以行政手段以低成本技术优势对数据进行高效、安全调用。

政务大数据生态的建立，要围绕数据产权归属清晰、数据交易流通合规、数据收益分配公平和数据要素治理有效四个方面展开。清晰规范的权属是明确数据产权的基础，要根据数据自身特征建立新型政务大数据产权制度，搭建专门的数据权属登记框架。政务大数据是一个动态开放的体系，信息与数据资源在与各个节点的互动与传播中不断被构建、解构、重构，在频繁的互动中整合成一个最合理、最有效、最匹配的动态开放结构。一体化体系并不是孤立的，真正的一体化不应只是单向接轨，而要双向接轨。优化数据生态体系的关键在于良性秩序的建立。

（二） 基于时空视角下政务大数据支撑条件

习近平总书记指出："互联网是一个社会信息大平台，亿万网民在上面获得信息、交流信息，这会对他们的求知途径、思维方式、价值观念产生重要影响，特别是会对他们对国家、对社会、对工作、对人生的看法产生重要影响。"❶ 之所以说亿万网民是政务大数据的主体，是因为他们既是大数据的创造者和共享者，又是大数据的需求者和使用者。不得不承认，有的需求是正当合法的，有的需求是部分被满足，有的需求是超前的，有的需求代表某一群体的利益等，这都需要长期跟踪和统计调查。这就要求政务大数据建设遵循网络化、扁平化、差异化、开放性的思维。

1. 技术集成

技术集成实施前，首先需要知道国家治理的整体考量是什么，从战略统筹高度去揭示人、时、空价值与利益的差异。

一般情况下，技术集成可通过提高技术潜力或提高技术产出两种途径达到。技术潜力的提高离不开技术水平的提升，而提高技术产出则是在保证技术本质未改变的条件下，促进它与制造环境不断融合的程度，是一种渐进式的技术集成形式。在技术集成过程中，一个非常重要的步骤是在确定最终的技术路线前对各种可供选择技术进行评估。

在政府内部进行技术集成，强调的是政府各职能部门内部及其之间的并行合作。虽然政府部门的职能部门与业务部门早已各自独立，但内部管理工作依然是类似的，特别是处理行政业务的很多流程和程序是类似的。技术集成就要对数据导入接口规范、元数据管理标准、主数据管理标准、数据质量评价标准、敏感数据使用标准等制定规范。

政府与其他创新主体联合开展技术集成，强调的是各合作方的战略联系，不仅是各职能的交叉并列，还是多构架系统集成网络联结的过程。一方面，要考虑技术集成对传统数据系统进行赋能，有效形成新型政务体系。

---

❶ 习近平谈治国理政（第 2 卷）[M].北京:外文出版社,2017:335.

另一方面，一体化平台建设需要技术集成。新型政务体系的形成，要依靠技术集成，将不同系统联通起来，依靠数据链为产业链"强链、补链、延链"提供内生动力。要通过一定的规则开发建设公共基础数据平台，对个性数据共享需求和共性数据共享需求，经过数据治理后提供数据服务。要建立大数据服务供给与政务需求对接系统，借助云端化、智能化、信息化技术，建设一个标准统一、规模海量、类型内容丰富、形式载体齐全的需求供给模块，实现精准推送、全流程网办、诉求互动的服务。

2. 技术升级

技术升级是解决政务建设和发展过程中的新情况、新问题的关键，新基建数据底座将人、事、物等资源高度聚集，帮助政府在服务、协同、监管、决策和治理等方面升级。要建设国家级网络安全防护体系，提升虚拟化网络环境安全性，集中优势力量形成"风险发现—处置跟踪—结果反馈"的服务闭环。加快布局前沿核心技术体系研发，加速推动大数据核心技术突破，提高国产可控技术产品的利用率。要通过技术的提升，实现对身份认证、访问控制、信息审计等各个环节全程追踪、整合分析、趋势预测、决策评估。

要梳理现有国家级信息安全力量，优化升级安全设备和安全系统（防火墙、防病毒系统、日志审计等），统筹规划与加强技术力量建设。要完善基于政务服务主题的系统内置应用场景库，提供大量"下载即用"的功能组件、场景模板，以同步接入、同源发布、同质服务的形式推进系统升级。政务大数据平台可采用分布式架构设计，既能保障数据交互的安全性，又能保障高并发场景的应用稳定性和可用性。

技术升级意味着平台后期增加了更多防范风险的措施，与之相伴的是平台功能、界面体验等得到升级改造。要积极争取通过接口平台方式实现与国家级、省级、市级、县级等相关系统的互联互通。云计算技术的出现为大数据与政务业务深度融合创造了更大的可能。大数据中心与网格化中心协同匹配，大幅度提升了治理的"精细度"，然而细化并非终结，而是下一轮模糊预测的开始。

3. 运营能力

一般情况下，政务大数据平台建设会委托第三方公司来完成，从平台搭建最初的申报、建设和验收，到后续运维、升级或新建的全过程，政府与第三方公司在目标与过程、架构与实施等方面都会存在着各种各样的问题，有些可能会导致平台服务暂停。

为聚焦政务大数据整体质效，政务大数据平台把运营工作机制、数据应用成效、服务对象满意度全部引进一个管理体系，人员、过程与资源构成了运营管理体系核心要素一体化。运营管理体系包括服务对象、运营对象、运营组织、运营管控、运营过程、运营资源和运营标准等。服务对象是运营管理体系的目标服务者。运营对象则是各类政务系统和相关场所，如网络系统、主机系统、存储系统和安全系统等。因此，政务大数据平台运营能力还要从源头上把好专业队伍的素质关，人才队伍培养迫在眉睫。

运营能力是政务大数据平台全生命周期的重要组成部分，对其强弱的评判，主要体现在公众有权对自己不满意的政务产品和服务给出最真实的评判。相关部门应根据公众的真实感受适时调整政务服务内容与方式。要规范和优化在线反馈与评价体系，以评促建，形成大数据治理工具的反馈机制、改进路径和退出线路，推进政务大数据治理工具效率的整体跃升。

政务大数据平台运营能力的提升有赖于体制机制的设立。体制机制，是硬约束、明规范。完善的体制机制，要以规章制度为核心，内外部形成双监督机制，从而在相关的工作机制、方式和标准的固定程序下，确保真正产生实效、运转得当的可持续循环状态。除了体制机制发挥必要作用，还需要建构一个好的数据中台。

数据中台方案是按照一定的业务逻辑进行关联、切分等融合处理后，针对不同业务岗位的用户，提供个性化的数据探索和分析的工具，以多样化的方式提供给前台系统。数据中台的核心思想是数据共享，其核心内容是元数据、主数据。元数据、主数据主要来源于内部核心政务数据或外部数据，囊括了社会组织或公众的行为轨迹、行为模式和空间特征。这些习惯性行为的表征至少包含基础数据、数据层核心数据、业务层核心数据、管理与治理类数据。数据中台统一了数据的标准和口径。事实上，数据中台是基于小数据治理机制驱动的，小数据系统建设仍然是信息化建设的基础性工作，仍然是数据中台建设的核心，是一项系统工程，需要各方面的协同配合。

以数据中台带动数据前台和数据后台同向运转，要通过对海量数据进行采集、存储、计算、归类和加工，上下对应、前后联动与共建共享，将关联人、时、空的各种服务、各类事件的大数据反哺数据前台与数据后台运行。前台与后台的中间层即数据中台，聚合和治理跨域数据，将数据抽象封装成服务提供给前台。而作为数据分离趋势中的主要内容形式的元数据、主数据，应该成为数据中台的核心内容。❶ 政务大数据平台的"前台综合受理，后台分类审批，统一窗口出件"，更注重集约性和整体性理念。

数据的全生命周期依附于技术系统和平台，数据无法独立于技术系统和设备平台而存在。政务大数据平台开发的每个环节都需要增加运维管理的设计和内容，比如立项时就要考虑运营主体、工作要求等，做需求分析时要考虑运营工具的选取与使用等。运营与开发协同，才能确保系统可用、好用。运营工作的重点，离不开数据运维、应用运维、安全运维三个方面。《国民经济和社会发展第十四个五年规划和 2035 年远景目标纲要》提出，"开展政府数据授权运营试点，鼓励第三方深化对公共数据的挖掘利用"。❷《中共中央 国务院关于构建数据基础制度更好发挥数据要素作用的意见》也提出，"鼓励公共数据在保护个人隐私和确保公共安全的前提下，按照'原始数据不出域、数据可用不可见'的要求，以模型、核验等产品和服务等形式向社会提供"。❸

三、不可忽视的潜在问题

（一）数据安全问题

随着信息技术的发展，大量的身份信息、属性信息和行为信息日趋复杂多样，安全问题凸显，这是不争的事实。数据保护和利用的平衡、"私有

---

❶　刘长杰.数据中台建设将把数字中国推向纵深——与国务院发展研究中心研究员李广乾对话[J].中国发展观察,2020(1):86-90.

❷　国家发展和改革委员会发展战略和规划司.国民经济和社会发展第十四个五年规划和 2035 年远景目标纲要[M].北京:人民出版社,2022:262.

❸　清华大学社会科学学院经济学研究所.数据要素前沿九讲[M].北京:人民出版社,2023:33.

性"和"公有性"的平衡、安全与发展的平衡被提至一个新高度。在促进数据开放共享的广度与深度的同时，要将政务数据安全可控在一定时空范围内保持动态平衡，这是由其蕴含的社会性、政治性和国际性决定的。政务大数据平台的安全已不再是单纯的技术安全，也不是某一领域内的安全，涉及政治、军事、外交、经济和文化各领域，更是包括技术、制度、程序、法律、管理、伦理、标准和人才等各方面，是系统化和综合化的安全管理。

1. 安全理念

政务大数据平台安全体系由众多要素、问题、层次构成，不同要素、问题、层次的地位和作用不尽相同。在整体思维下，要以总体国家安全观为统领，将安全理念融入政务大数据平台的设计、开发、测试、运维、管理和应用的全要素、全流程、全阶段，将"自上而下"的体系化顶层设计与"自下而上"的规范化底层开发相结合，做到架构自主可控、数据安全可信；既需要把数据安全看作一个有机体系，认识到体系内外要素的普遍联系，又需要根据价值关系和轻重缓急对体系中的不同要素进行系统性定位。

数据安全体系中的各安全要素是有机的统一体，必须运用统筹的观点、原则和方法认识和分析数据安全及与其他要素之间的关系。数据安全与人民安全、政治安全、国家利益密切相关。人民利益和人民安全是数据安全的"源"，是数据安全的元价值，其他利益和安全是"流"，是由人民利益和人民安全派生出来的，其结构性要素、价值导向、行为取向、制度实施、机构安排，只有源于人民安全和人民利益才有意义。

随着物联网和区块链的深度融合，政府向所有用户提供服务的可能性和安全性也大大增加。数据安全理念就是"大安全"理念，是明确把数据安全和国家安全联系起来，并且将其与国民安全、经济安全、政治安全、军事安全、文化安全、科技安全等置于平等地位，在保障开发利用的同时对数据主权和个人隐私保护给予足够的关注和重视。因此，构建统筹思维下的数据大安全格局需要确立系统安全观念、共同安全理念、合作安全理念。

系统安全理念，首先，要明确数据安全是一个社会体系。政务活动和政务工作是一项社会系统工作，必须运用系统的观点、原则和方法去认识各种数据要素之间的关联。其次，还要明确大数据安全体系各要素所处地位和所起作用是不同的，既要进行系统化的战略性定位，又要根据运行情况进行具体分析。最后，要明确数据安全不是一个封闭系统，而是一个开放系统，既具有内包性，又具有外涉性。实现数据安全，在于国家通过自我更新和自我变革，使社会成为具有相关管控、自我调节、自我修复机能的组织和自组织系统。

共同安全理念，就是明确把政务大数据与政务活动及其行为联系起来，将政府各职能部门、企业、社会组织、个人的数据置于平等地位，在保障数据主权和个人隐私的同时，给予用户数据安全足够的关注和重视。用户之所以重视数据安全是由于免受骚扰和自主选择的权利失守，政府之所以重视数据安全，是由于信息时代数据安全事关公民安全、社会稳定。诸多社会公共服务领域和移动 APP 强制收集、授权、存储个人信息，过度索取、超范围收集现象的存在，将会埋下潜在的信息安全隐患。在系统思考大数据安全体系的各种要素和现实环境的条件下，应追求更高层次的合作安全而非满足于低层次的相对安全。

合作安全理念，就是要努力摒弃各自为战、唯我独尊的固化思维，建立互信共赢、合作共享的安全模式，使安全问题能够在合作的框架下得到更好的解决。要借助人工智能技术自动核验调用，建立数据共享清单，将应用频次高、事关人民群众切身利益的数据加大开放力度，使政务服务需求方与供给方最大限度地实现资源配置最优化。这是一种着眼于未来的数据安全理念，要在空间和时间两个维度上确立大安全理念和大安全格局。在统筹思维下，不仅要在空间维度上全面认识、布局、保障数据安全，还要在时间维度上全面认识、布局和保障数据安全。

风险意识的确立，能预测和有效防控危机的发生状态，探索出危机出现的规律。大数据安全意识与危机意识的强弱将直接影响政务大数据平台的公信力。政府必须全面落实总体国家安全观，着力保障关键信息基础设施和关键数据资源安全。同时，将其自身蕴含的管理价值借助智能技术运用到政府管理中，并形成更高安全级别的政府治理形态。

新的公共服务网络实践形态下，各种潜在的风险互相耦合、复合关联，公共风险的广度和深度具有显著的"外部性"。各行为主体只有运用信息技术对相关问题的发展态势提前做出判断、预测、分析与整合，学会分解上一层级风险，才能够有效减少风险分配的问题。

2. 安全态势

数据安全贯穿于政务大数据的全过程生命周期，各个环节各个时间节点都有可能发生安全问题。在"万物互联"之下，节点越来越多，任何一个节点都可能发生数据泄露、丢失、毁损、篡改与使用不当等问题。"看似非密、实则胜密"的数据信息正在生成，信息泄露风险已经呈现常态化、规模化和叠加化趋势，数据安全能力（敏感数据识别、分类分级、加密脱敏、接口异常检测等）随着数据流转形式复杂化而日益重要。

当大数据积累到一定程度，难以预判和掌握算法逻辑和演进趋势，但往往基于数据和分析做出决策，并非基于经验和直觉。以传感器为核心的政务大数据，正以其独特的优势在安全态势感知中发挥着越来越重要的作用。态势感知就是利用传感器网络，对一定时空环境内的安全态势要素进行感知，采用信息融合、地理信息系统、虚拟现实及可视化等技术，对获取的繁杂数据进行融合分析，形成数据安全状态的预测过程。

目前，政务大数据的组织结构还是按照金字塔式来建构的，整体性治理过程中，要谨防数据"黑天鹅"等各种风险。智能化时代，风险其实是跨部门、跨组织的，存在着人无法预测的盲区，具有非直觉特征和内在盲点。随着时间压缩、节奏加快、过程变短的问题日益突出，对安全态势的分析、判断、决策等认知水平和能力，将直接影响各种危机事件发生及其演变的可"计算"能力。这就强化了政务大数据的时空关联和动态信息的汇总研判、挖掘分析，对准确把握趋势的要求提升到一个新高度。

安全态势感知分为四个层次，分别是感知、融合、展现、预测，这四个层次是不断循环往复的（见图4.1）。感知包括获取安全相关要素的属性、状态及其动向与趋势。融合则要将感知过程中收集到的数据通过某种技术或手段进行有效融合。展现则是将融合阶段所形成的实时安全态势通过可视化等技术转换成人眼可观测的形式。预测则是指对下一阶段下一时刻安全态势变化的趋势的研判。

图 4.1　安全态势感知

安全态势感知是一个基于网络化的数据共享平台。它需要厘清地区与地区、部门与部门间的纵横交错的网络关系，多层次、多角度地梳理其业务范围及内容，打破固有的网络界限，感知社会态势和网络安全态势。要打通数据间的隔阂，切实保障新业态和旧系统的松耦合性，应用虚拟化和分布式等关键技术解决其安全应用和联通问题，形成政务服务全面数字安全感知体系。

安全态势感知是一种多维度和多要素的体系，根据不同的任务和目标，解决安全态势感知中的多维度和多要素信息量的统一表达问题。为了实现数据重用和数据共享，必须建立统一的数据格式标准。搭建统一的组织结构和用户管理系统模块，整合现有的系统、组织与用户，提供统一的数据格式、设备接口、数据访问接口，按照权限和角色管理，为公众提供统一的服务标准、类型、数量和质量等。开展网上政务数据协同应用，建立数据对接交换机制，统一政务事项数据定义、取值、格式等标准规范，对关键政务数据分级分类，促进数据的互联互通和共享。

要加强安全态势感知，完善电子政务网络安全防护体系。定期开展密码应用安全性评估，通过引入威胁情报和规则链技术，快速追踪溯源、遏制攻击扩散、迅速采取动作，形成监听—主动回溯、研判—主动监测的新监测思路。对经营异常企业或行为轨迹异常的个人或相关组织进行追踪监测，既可以对违法、违规、违约、欺诈进行分级预警，又可对违法办理业务的行为进行追踪监管。要强化检测、响应、预警、防御多个领域环节中的威胁监测、漏洞分析、漏洞预警等方面的建设，设置预警阈值，通过对源头的数据监控，及时发现源头采集问题。

政务大数据运用智能化新技术和数据思维，精准掌握数据变量，不断解构、重构、优化、精准匹配社会治理资源，进而依据安全态势影响信用风险体系。要建立不同行业、领域的企业或个人或组织的健康档案，并结合其日常运营表现、社会公益贡献等提供"信用修复"通道。要及时发现与预防风险，不断地通过一些变量去修复并弥补之前造成的问题，实现自愈式监管。采用"自动评分+人工核验"的方式去考核客观性指标，采用"人工为主+系统为辅"的方式去考核主观性指标，既可实时获取全维度信用评分，又可捕捉信用事件、监测企业和个人的信用状况和红灰黑名单迁徙状态。

良好的安全态势离不开一个动态、开放的安全系统。要完善业务协同的互信认证，通过去中心化的方式实现前端的数字认证和信息追溯。明确授权管理机制，做好责、权、利、能的匹配，实现数据信息的整合共享、安全隔离和可控交换。特殊行政部门的部分业务不能对外公开，系统建设、数据共享、数据分析过程中要深入研究制定关于这些涉密业务和核心数据的使用策略。加快建设政务数据灾备和安全服务体系，必要时实行异地备份。建立政务数据安全事件应急处理和灾备恢复机制，按需为政务云数据使用方构建灾备资源池，旨在提供数据级和应用级的同城、异地存储、异质存储和灾备服务。加强大数据威胁检测与防御系统建设，形成全面、系统的防御网络，提高相对隔离的计算机防御模块的整体防御性能。

3. 责任归属

各渠道汇聚而来的不同资源，其中必然包括涉及国家机密和个人隐私的信息，收集、公开和共享大数据必须有明确的法律规定。保障政务数据安全运用靠的是依法治理，需要明确组织模式、职责分工和标准规范。数据的互联互通共享打破了单一主体对信息的垄断，公共服务生产者、供给者、消费者所处角色不再固化，所有的对象、信息、数据间的关系错综复杂。因此，要加快大数据相关立法，建立健全大数据收集、公开和共享相关的法律法规，从法律上有效保护大数据的安全性和隐私性。

要优先对问题多发且业务影响较大的数据项开展认责梳理和筛选工作，通过采用"问题+价值"双驱动的策略，构建认责关系矩阵，确立高业务价值核心数据项的识别方法，建立一套数据问题的归集、分析和管控机制。

数据认责是从全局角度明确各类数据责任者，即对各机构的数据进行管理职责的分解与认定，形成责任合理、均衡、清晰的数据责任关系网络，从而明确彼此间的资源供需边界及协作机制。如果责任与边界不清，则往往会造成多头管理或"三不管"的情况，直接影响政务服务的效率。

数据责任的明确，是一个循序渐进的过程。数据认责要以问题为导向，将问题导向作为其主要切入点。在安全与效率的动态博弈中，在政务平台与公众之间搭建新的语言体系，切换管理语言与用户语言，政务服务原有秩序的解体和新秩序的建构带来了一种充满不确定性的风险。要对接事中事后综合监管平台，辅以主体服务系统、智能预警系统、动态监控系统、监管执法系统、数据分析系统、绩效管理系统、公众互动系统、综合办公系统等，整合政务公开、便民服务、权力运行、效能监察、法制监督为一体，从而可方便地确定可信数据源和进行数据部门认责。

要加强互联网时代互联网用户法治思维和数据思维，将法治思维、法治方式、数据思维和数据意识贯穿于治理活动的全过程和各方面。要制定相应的大数据保密法律法规和数据开放的规范，以确保全体公民的隐私和信息安全得到有效保障。出台科学、合理的大数据采集、存储、应用法律法规，对电子签名、电子证照等法律效力做相应的法律保障，明确依法依规获取大数据资源是全体公民的一项基本权利。建立常态化的评估机制，定期在数据中心和应用平台进行保护测评提升等工作，有效规避传统政务服务的盲区与痛点，有效地提供科学决策。

要健全政府失信责任追究制度和责任倒查机制，将政务履约和守诺服务纳入政府绩效评价体系。利用终端检测响应和网络检测响应技术与其他安全设备的联动，集中优势资源智慧协调防御体系，统筹协调各部门职能，实时监测核心数据流向，构建保障"数据底座"基础设施安全稳定运行和数据安全的保障体系。将复杂事件处理的技术结合安全业务场景实现加速、逻辑优化，关联分析碎片化的威胁告警、异常行为告警等，使隐藏的不可见的威胁明朗化，提高攻击者的攻击成本，提升电子政务网络安全保障水平。

不可否认的是，现有数据的冗余、维度和多样化的持续增加，不能穷尽真实世界可能出现的所有情况，需要算法专家、系统专家协同，将不同数据同步，特别是要建立协同参与的数据库、模型库和知识库。要遵循"用户授权、最小够用、全程防护、可用不可见"的原则，设置数据访问权限，构建"数据铁笼"，划清隐私与安全的界限，加强对数据全生命周期的安全管理。因此，自上而下的顶层设计和自下而上的安全自主化底层应用，缺一不可。

（二）数据主权问题

大数据时代，数据集中是趋势，多数人的基本信息和行为信息都已被各种现代设施数据化。大数据的内在要求是数据资源越多越好、越全越好。获取和处理海量信息数据时，对一些敏感数据要注意保障用户信息、个体隐私、不同行为的细节记录及其数据权属的完整性。数据所反映的情况越接近客观实际，安全风险也就越高。而今的人脸、指纹、声纹等生物特征数据与传统的电话号码、姓名、地址、身份证号、银行卡号等同样重要。每个人在大数据面前都成为"透明人"，个人信息安全面临着不容忽视的隐私泄漏风险。

1. 溯源确权

大数据时代，个人数据的价值凸显。目前防范个人数据侵权的机制并不完善，一些数据收集行为超出边界和应用方式的模糊性，让侵犯主体、侵犯责任认定较为困难。要探索"原始数据不出域、数据可用不可见"的交易范式，加强对隐私计算、联邦学习等技术的学习，建立数据流通准入原则，分级分类、分步有序推动数据全流程合规体系。要完善和规范数据流通规则，建立数据可信流通体系，强调行为数据的粒度要求，最大限度地规避数据侵权和数据风险。

数据资源持有权是数据最基本的权利，是数据其他权利的基本来源，其他权利都是由数据资源持有权衍生而来。要明确个人数据的产权归属，将数据资源持有权、数据加工使用权、数据产品经营权、数据监督审查权进行分离，防止未经授权就修改、泄露和破坏相关数据。数据加工使用权是通过共享、交换或交易等行为，获取使用一定限制条件下特定数据的权利。数据产品经营权是指数据发布方和数据平台通过一定手段和工具生产某种可满足人类需求的产品，从而实现数据变现。数据监督审查权则是指对数据的适用范围、流通方式、数据格式等进行定义和监督。数据产权不是固定不变的权利束，具有可分割属性，可以在不同的主体间进行分享、转移和交换，一直处于动态调整过程中。

要明确数据使用主体的安全保障义务，加大对泄露敏感信息行为的处罚力度，建立跨部门的个人信息安全协调联动处置机制。获取属性数据和动作数据，不仅要保护数据的安全和隐私，还要针对可能出现的信息泄露、使用不当等问题制定风险处置制度。要根据数据分级分类原则，明确界定个体隐私数据与公共数据，根据时间和场景的变化，制定不同的安全防护措施去辨别和判断违法违规行为。针对数据共享、数据交易等重点领域和环境，要加强数据安全风险监测技术和主动防御技术的研究，有效应对数据要素流通过程中的各类数据安全风险。

要构建分级保护、分类处理的个人信息数据使用者责任指标，建立数据使用和交易的标准，规范大数据分层分类主体行为。划定个人信息隐私和公共数据间的边界，处理好一般信息和个人隐私信息的关系。完善数据流动、数据权属和数据交易相关制度，政务大数据获取的范围、类型、频率和方式等要符合最小必要原则，严格落实各类数据处理活动主体（包括个人和组织在内）的责任和义务。

要增加数据沙箱环境，对不同级别的网络系统操作人员设立不同的管理使用权限，对不同级别的信息进行相应的安全保护等级界定和保护，最终实现数据安全共享。严控访问权限，建立操作者的身份识别机制，设置操作日志, 对全过程留痕管理, 防止对电子印章、数字签署的非法使用, 构建来源可溯、去向可查、监督留痕、责任可究的完整链条。制定身份认证服务检测评估和检查规范, 并对系统资源实施相应授权管理。采用身份识别技术, 赋予各相应部门对政务数据资源配置相适应的管理和使用权限。提供多模式、多渠道的身份认证服务, 推动不同电子身份认证之间的互认, 实现信任传递。

要深化数据开放的程度, 简化数据开放的程序。对不涉密的、能够开放的数据资源一律进行开放, 特别是社会公众关注度和需求度高的、行业增值潜力显著和产业战略意义重大的、社会治理复杂多变的重点领域的公共数据, 更要根据实际情况和涉密程度能开放的优先开放。推动公共数据与非公共数据的多元融合和规范流通, 完善数据开放标准体系、技术规范, 不断催生新产业、新业态、新模式。开展动态管理, 对纳入非开放类的数据要严格保障安全, 对经脱敏脱密处理的数据可以适时开放。

对政务数据的所有权、开发权和使用权, 要建构合理的数据保护制度, 平衡社会与政府的权、责、利: 一方面, 要防止敏感数据被非法授权查看、复制、篡改和销毁; 另一方面, 要防止数据滥用或非法使用, 完善数据监管和溯源监管制度, 消除平衡破裂与循环梗阻的不良影响, 确保大数据的应用价值和安全性。要与当前的风险评估机制、等级保护制度和事件响应机制建立内外关联, 对内主动进行深层次关联, 对外按需关联, 提高安全预警、入侵检测、安全防护、事件反应和快速恢复能力。

数据权限界定同样对应存在于每一项数据管理和应用之中, 需要在政务服务平台部门和岗位两个层级的粒度上进行细化。为实现 "认责到岗", 找到政务服务各行为主体共同担责的合适责任主体粒度, 要在逐级细化的过程中兼顾责任的明确性与管理效率两方面。只有明确大数据所有利益相关主客体的数据应用边界、法律规范和行业规则, 才能提高安全保护级别。要加快人工智能研发, 优化完善搜索引擎大数据建设。充分利用大数据技术支撑数据共享, 自主自发自动对数据库大量的核心数据和业务流程进行录入、采集和计算。要立足大数据资源和运用大数据技术, 加强人工智能研发, 智能挖掘公众需求, 根据后台智能分析用户基本情况, 努力实现在

线搜索与在线解答、语音搜索与语音解答、实时搜索与智能匹配的有机
统一。

2. 脱敏加密

习近平总书记指出："网民大多数是普通群众，来自四面八方，各自经
历不同，观点和想法肯定是五花八门的，不能要求他们对所有问题都看得
那么准、说得那么对。"❶ 政务大数据在存储与共享过程中，通过特征提取、
标记化等技术手段对原始信息进行脱敏，做匿名化处理，保护隐私和秘密
信息，防止泄露政务数据、盗取政务数据等违规或非法行为的发生。

数据脱敏并不等同于数据加密。二者是两种完全不同的技术，适用不
同的目的。所谓"数据脱敏"，是指依据脱敏规则对某些敏感信息进行数据
变形，实现敏感隐私数据的可靠保护。它是在不需要解密的条件下，通过
无效化、随机化、在线屏蔽、数据替换、加密替换、变形、差分隐私、数
据截取、数据混淆、偏移取整等方式，保存数据原有的特征、业务规则和
数据关联性，让数据成为加密数据，不同权限的用户将会看到不同的展现
结果，从而降低数据敏感度，实现对敏感隐私数据的保护。

常见的脱敏数据方式分为可恢复脱敏和不可恢复脱敏两种。依据技术
方法原理和适用场景的差异，数据脱敏主要有数据失真技术、数据加密技
术、匿名化限制发布技术三大类。数据失真技术主要是为了保持某些数据
或数据属性不变而对原始数据进行重构以隐藏其中的敏感信息的方法，包
括随机化、凝聚、阻塞、差分隐私保护等技术。重构原始数据的过程就是
在原始数据里加入适量"噪声"数据，以此防止真实数据被识别或被攻击。
数据失真既有技术性原因，也有人为因素造成的数据采集标准不统一、主
动弄虚作假等各种现象。因此，数据主权的明确要防止数据失真。

数据脱敏的关键点是敏感数据、脱敏规则、应用场景。数据分发由于
场景不同和应用不同，溯源、定责难度大。脱敏数据兼顾了数据安全与数
据使用。数据的核心价值离不开真实性和准确性，一旦关键数据失真，其
负面作用可能不断传导或辐射。通常，数据开放和共享范围不同，脱敏数

---

❶　习近平谈治国理政(第 2 卷)[M].北京:外文出版社,2017:336.

据仍会遭受不同的攻击挑战，因此，需要经常性地评估脱敏后的数据是否存在新的风险。

匿名化限制发布技术，是指通过匿名有选择地发布原始信息，不发布或者发布价值度较低的敏感数据，保证对敏感数据及隐私的披露风险在可容忍范围内。这是为了降低识别度而对信息进行的模糊化过程。这一过程对语义、情感、意图等识别度较低，在匿名化之前，就要确定所有潜在的可被匿名化的数据元素，尽可能地减少未被标识的个人数据或非公开数据。同时，还要确保发布数据的持续匿名性具有内在的可变性。在实时访问生产环境敏感数据的过程中，通过敏感数据动态脱敏，建立返回值与身份权限强相关机制。

对于数据所有者来说，数据保密性最重要，为实现有效授权，只有属性集满足访问策略的用户才可以进行细粒度访问。数据加密技术，是指在指定的用户或网络下，经过加解密钥匙及加解密函数，在"明文—密文—明文"形态中转换。这种数据加密技术通过可逆的变形或转换隐藏原始的真实信息，但加密的往往是整个数据集，致使数据利用率大幅度降低。加密技术在共享过程中通过数字签名确定数据权属，并完成身份与数据的绑定。这种基于属性集的加密方式不需要每次必须知道接收者的身份信息，可以支持一对多的关键字搜索和加解密。数据加密技术主要分为两大类：密文策略的属性加密和密钥策略的属性加密。

根据重要程度、公开范围、数据使用频次和数据安全要求，通过信任管理、访问控制、数据加密、密纹检索等措施，制定了不同级别的数据管理要求以解决隐私保护、数据源真实、防身份假冒等问题。利用高级数据加密技术，加强政务信息系统与信息资源的安全保密设施建设，防止数据上传、下载、安全隔离过程中的数据隐私破解和泄露，提高数据传输与存储破解的难度。

3. 数字孪生

大数据时代，政务大数据平台集聚了人与公共行为产生的"全息"数据，公共社会转变为复杂的数字化结构，形成反映公共社会虚实复杂关系的"二相"结构。"相"是系统或物质在某一时刻所处的状态，又有"虚相""实相"之分，可称虚实二相。复杂社会系统的虚实二相关系很复杂，呈非线性的复合关系，体现为有序与无序、完全性与非完全性、周期性与非周期性、确定性与非确定性的统一。二相结构作为一种内在结构规律，不可分裂开来，呈现对偶关系，且在一定条件下把未来的不确定性和当下的确定性进行人为、主观的二相转化，构成一个完整的复合二相对偶结构系统。

数字孪生通过仿真技术反映了实体政务在虚拟空间的映射和状态，从而反映相对应的政务全生命周期过程，为实体和虚体之间的实时关联与互动提供设计迭代、故障诊断、流程控制优化、精准执行等方面的技术支撑。一方面，数字孪生可以实时观察政务大数据的运行情况，监控各种运行参数的变化；另一方面，数字孪生通过大量数据积累，在虚拟空间进行模拟推演反馈，以实现数据要素驱动业务、业务提升数字化转型升级的良性循环过程。这种虚实关联技术实时更新用户在现实环境中的空间位置变化数据，进行虚实场景的融合计算，将虚拟信息与现实场景信息进行对位。

庞大复杂的政务大数据体现了"全息"特征。它不仅生命周期长，而且每一个处理环节产生的多维海量数据，虽然有了较高的控制度，但不得不承认，仿真和干预的难度依然很大。数字孪生通过对政务服务平台的运行状况进行精确且全面的映射，对历史数据进行技术分析，在线上经过科学预测和智能控制对政务处理进行智能干预，由此形成"由实到虚"到"由虚到实"的闭环迭代、持续优化。

为应对政务服务平台运行过程中的复杂性和不确定性，数字孪生需要政务的全要素映射和时空数据的结构化。全要素映射不仅能够在物理世界和数字世界之间建立全面实时的高精度映射，还能在数字空间实时操控物理空间的政务实体，更契合相关的场景服务、仿真推演、深度学习等。时空数据的结构化在政务处理过程中是关键。传统的政务数据割裂而不连续，不同物理场获得的多尺度数据和系统耦合度高，但通用性差，多源异构数据更是难以实现高效利用。

数字孪生体系要达到虚实互动、孪生共长，不仅要对全要素进行动态虚实映射和互操作，还要对政务服务场景进行高精度映射，根据线上运行的覆盖范围和覆盖强度，对物理空间强度较弱的地区进行修正。它不能只是物理实体的镜像，而要与之共生共长。然而，数字孪生在应用中尚停留在概念阶段，感知数据的采集规则与使用权限、标识体系和编码设计不统一、小规模边缘计算和大规模云计算的建设，依然不足以实现对数字孪生政务的系统性支持。

数字孪生技术基于联邦学习、同态加密、数据隐私保护等技术，突破了传统三维空间模型的限制，把物理空间对象同步投影到数字空间，不断优化进步，最终实现虚拟与物理世界的同步和一致。其核心并不是简单的精准数字化复制和可视化呈现，而是增加一个以数字化形式存在的可计算、可操作的"孪生体"，是一个实时数据仓库。数字孪生的关键取决于孪生数据的粒度和孪生数据的特别关联，即数字空间域。

通过对虚拟社会情境进行"沙盘推演"，模拟社会治理体制、机制和治理行为，以往不可能的"社会问题试验"成为现实。政务大数据的"超时空"运营，突破了之前传统政务受时间、空间等介质的局限，对政府与其他行动主体之间的关系进行了重新定义与诠释。

借助大数据，不仅可以研究"实在"的公共社会，还可通过互联网思维与互联网精神，研究"愿景"中的公共社会。虚拟公共社会是现实公共社会的映射，以系统集成、渠道融合、数据共享为导向，最大限度地反映公共社会现实、描绘公共社会特征，最终打造成以人为本、资源共享、公开有度、数据决策的智慧政府。

新工具、新技术、新手段为生活领域的需求和民情变动提供充分恰当的甄别，识别出虚实"二相"社会网络中的关键节点，寻找社会治理架构变革的路径。未来，在计算机视觉与人工智能技术的推动下，增强现实技术将深度融入政务大数据平台，进一步改变人与世界的交互方式，塑造数据治理的新形态。

第三节　政务大数据时空统一与超越进化

信息时代，谁掌握了大数据，谁就占有了主导地位；谁激活了数据，谁就抢占了先机。不可否认，大数据的发展是一把"双刃剑"。刀锋向谁，取决于人而不取决于数据。仅就数据本身而言，即使收集的数量再大，也毫无价值。"用时间去消灭空间"，从某种程度上讲是"时间空间化"与"空间时间化"。一方面，空间不再静止，而是通过各种形式的不断分解参与时间的具体化；另一方面，时间不仅有限而且不可逆，变迁是时间的本质性元素，时空感及其限制揭示了社会资源的稀缺性。

（一）数据时空统一之理想境界

1. 同源整合

大数据技术的普及运用，给政务服务供给主体按照相对统一的规范与服务标准进行相应的事务处理提供了方便；对于公民而言，减少办事成本，人们通过互联网与数据共享平台办理不同的业务。政务大数据采用无"形界"纵生开发模式，最主要的特征是把服务的实现和服务的接口分离，生产不同粒度的服务，实现了跨平台、跨网络、跨语言调用。

加强资源整合，需要进行同源数据采集。各类空间和非空间数据，包括卫星影像数据、矢量地图数据、三维模型数据及增值服务数据。首先，要按照服务范围、业务逻辑、决策需求和统一标准规范来收集内部的核心数据。其次，要考虑客观世界的实际情况，根据感知技术从不同数据源智能收集、识别和选取以往无法采集的各种实时数据，如居民行为数据、预约情况、流程办理环节、办理时间、资料提供状况等。再次，根据需求以常规渠道获取数据。充分重视外部数据源的作用，多源化数据获取能力有助于从多个角度创建碎片化数据的多种关联。最后，采集社会化媒体数据，包括结构化和非结构化数据等。

同源整合包含数据清理、数据集成、数据归约与数据转换等内容，对后期结果的分析利用影响最大。数据清理主要是对数据的不一致性进行检测，对不标准的杂讯数据进行识别、过滤和修正等。数据集成主要是对不同数据源的数据进行集成。数据归约主要指在不损害分析结果、不影响准确性的前提下降低数据集规模，使之简化，提高数据的价值密度。数据转换是将数据从一种格式或结构转换为另一种格式或结构的过程。数据转换对于数据集成和数据管理等活动至关重要。数据收集和数据预处理环节的同源整理，对于后续的数据处理与分析环节格外重要。同源整合能力影响政务大数据的供给质量，其性能直接关系到大数据的价值性和可用性。

2. 主动求变

政务大数据的运作实力和运作活力，取决于"变"与"不变"之间的度，这成为组织筹划的重点。实力与活力相互渗透，实力体现在"主干"之中，变革和革新是为了增强实力，也是为了"不变"；活力却并不一定会在"主干"上唯一体现，"侧枝""保障"上出现的可能性是极高的，创造和创新基本属于为未来发展注入新鲜活力。"变"的重要特征就是不确定性，不确定性包括虚实、好坏、软硬、动静、主客体、主角与配角、外部与内部等关系，对"关系"的理顺和互构，有助于增强对政务服务平台的动态辩证理解。

政务服务的内容与样式在"变"中保持着"不变"的基本属性，原来的无序状态可转变为时空上和功能上新的、稳定的、有序的和可预期的结构及状态。"变"与"不变"取决于时间尺度，自上而下的总体诉求本着"变中求定"，自下而上的现代性诉求则是"变中求变"。"不变"的结构吸纳"变"的增量，依靠、发展这些基础性条件，对以前的模式进行延续、承继与发展。不同的时间尺度聚焦点不一，根据需要调整观察焦距和角度，当拉长时间尺度将当前与未来、过去与现在的过程作为一个整体来审视时，就会清晰地发现社会现象背后超越"一时、一地、一事、一人"的规律性特点，进而探求启动的诱因、内在过程的演变、转折和随后的影响。

新技术的发展改变了政务服务的时空结构。传统的政务流程在再造和优化的基础上，打破时间和空间的局限，缩减了信息失真和损耗。政务服务平台依照"大平台、大数据、大系统、大逻辑"的思路，本着大格局观、大社会观、大治理观的方向，把风险控制在可调节的范围内。随着人工智能的发展，政务大数据时空平台可实现高覆盖、高可用、高并发处理能力，使用户的政务体验更加智能与人性。就民众而言，常常由于信息不对称、对审批和登记的手续和流程不熟，其各项业务线上办理和"一网通办"的体验感和认同度还有一定提升空间。

政务大数据存续于新技术与新环境不断迭代的"人化自然"，在一个

"时间消灭空间"取向的数据维度空间，主动寻求提升政务能力的重要策略。要善于识变，在变化中精准把握诉求，掌握变与不变的辩证关系、危与机的互变规律。如何在"不变"中求"变"，应对民众对政务服务平台的更高需求，不能脱离对新技术的深度理解和理性驾驭。

3. 良性互动

习近平总书记指出："人民美好生活需要日益广泛，不仅对物质文化生活提出了更高要求，而且在民主、法治、公平、正义、安全和环境等方面的要求日益增长。"[1] 在新的技术工具和治理环境下，公共服务供给的主旨是积极回应公民需求、保持政府与公民良性互动。政务服务平台之所以能促进行为主体的价值互动，是因为互动方式的改变，单向输入变成了多向互动，各式各样的价值被共同创造、改变、交换和使用。政务大数据治理进程的推进需要行为主体与客体的参与都是主动的而非被动的，二者的良性互动体现在主体、客体的动态关系转换。

通过政务事项建立与公众之间的情感联结是政务服务平台更本质的使命。一方面，平台为公众创设了情感表达的社会空间，能及时高效地回应公众的需求。另一方面，公众在不同时间借助平台进行互动，主动利用数字技术践行更多情感表达。情感表达是在主体关于特定客体（政务事项）的申请、处理与互动中进行的评价判断中生成的，体验感与认同度将各主客体连接成为"情感共同体"。因此，可将情感表达视作良性互动的一种可能，共情性与凝聚性无疑有助于提升社会治理能力。数字技术超越时间和空间的限制，形塑了有情感偏向的"主体/客体—时间/空间"互动关系。

新阶段的政务公开，要根据人、时、空相统一的原则，实现从单向公开到双向公开良性互动的跨越。政务服务平台的服务模式与服务形态的升级需要从两方面着手：一方面，围绕公共服务职能性回应、诉求式回应、责任性回应、前瞻性回应四个层级，收集政务服务数据，及时精准反馈信息，把握公众的需求偏好；另一方面，调整算法，找到更符合公众需求的事务或项目，在整合各类信息资源的基础上优化、调整。构建政务服务

---

❶　习近平.决胜全面建成小康社会 夺取新时代中国特色社会主义伟大胜利——在中国共产党第十九次全国代表大会上的报告[N].人民日报,2017-10-28(1).

"双螺旋"模式,达成话语上、行为上与制度上高度一致的良性互动,拉近与民众的天然距离、现实距离和理想距离。这是一个从思维理念到制度机制再到方法方式的综合行政平台的构建过程。

(二)未来演变趋势

理论指导实践,治理塑造秩序,而秩序的应有之义是正义,正义产生于秩序之中。政务大数据的治理逻辑受制于政治体制机制和信息处理技术的双重规约。通过政务大数据实现对资源的重新配置,以控制和集中来应对分散和多元主体的需求,使之以有序、有利、有用、有效状态再造社会秩序的现代化。这便是国家数据治理的核心要义。急速发展和扩张的大数据在提供更为全面且精准的公共服务和公共产品的同时增强了公共部门的管控力,而这种全面覆盖恰恰模糊了公域与私域、公权与私权的边界。

"经国序民,正其制度"❶。国家治理能力是一个国家的制度和制度执行能力的集中表现。要实现治理预期与治理结果一致的理想目的,必须在物质基础、制度安排、政策导向、技术条件等方面建构公正、合理、适宜的秩序与环境。因此,站在新的历史起点推进国家政务大数据,要以人民为中心的发展思想,以让亿万人民共享发展成果为战略目标,从治理理念的转变、治理结构的突破、治理机制的完善、治理工具的革新、治理平台的优化升级等维度推进国家治理体系和治理能力现代化。❷

1. 无序与复杂

政务服务平台的主要对象是公众。不同的公众群体对政务服务的选择行为、应用取向和依赖程度,具有高度自为、不确定性的特征。

政府的治理能力在大数据时代不降反升。政务服务平台以其方便、快捷融入了公众的日常生活,提高了政务处理效率。在技术场域中,公众的自组织形式多样且影响日益增大,政府要按照技术场域中的自组织形成的规则对内外进行约束,通过技术场域中创造一个"技术自我"实现对现实秩序的再造。如果对用户使用、传播和分享数据的规定不清,有序的秩序

---

❶ 中共中央办公厅法规局. 中国共产党党内法规体系[M]. 北京:人民出版社,2021:55.
❷ 胡佳. 区域环境治理中的地方政府协作研究[M]. 北京:人民出版社,2015:89.

将被打乱，阻碍数据的开放与共享，不利于构建良性循环的政务大数据生态。

2. 有限与张力

政务大数据平台的构建不能超脱有限理性的限制，是在继承决策方式、管理行为、工作流程基础上的再创新。其构建虽要聚焦于政府治理现代化与新技术的融合和创新后的"化学反应"，但仍可沿循技术—工具—目标的演变过程，创设稳定的建构框架与制度安排。

在"数据为王"的大数据时代，数据就是资源，数据就是生产力，新的生产力与生产关系由此重建。如今，政务大数据已经在众多领域广泛应用，未来更具有无限潜力。政务大数据，与三维空间、一维时间叠加，共同构建"互联网应用+云数据平台+政府治理"的共创共建共赢共享共治模式。政务大数据强调时序性，已有的与未来的政务服务随着人、时、空在不同时间、不同情境下关联，重视时空转换对于其行为"变异变形"的影响。

3. 韧性与活力

政务服务的实践，需要组织，也需要自组织。自组织是文化、机制、非可控系统一作用的产物，要引导自组织与组织发挥有利于电子政务发展的作用。这就要求在战略规划和组织落实中考虑自组织的作用，留有余地，方能使时间、空间及其他方面自组织协调。网络自组织的基础是互动连接，由此实现普遍性的创造性发展。可见，自组织与组织的关系只有置于合理范围内，才不会妨碍数据间的碰撞和流通，也只有这样，才能尽可能打通电子政务多个"棱面"的全连接，保证最终各个数据源"回归"各自的属主。

互联网对政府与公众的互动模式产生了巨大的冲击力和的影响。政府内部权力充分协同、整合，条块界限越来越模糊，跨界成为常态。政府自主开发或邀请企业开发政务服务平台的形式，还不能充分发挥数据的全部价值，要鼓励更多的外部参与者在数据使用和创新方面进行数据价值开发。多元参与的广度、深度，是衡量政务大数据平台活力的重要指标。平台建设不能止步于单方向供给模式，而要以用户为中心设计完善，为保持其韧性与活力带来正面效益。

推动国家治理体系和治理能力现代化要有系统观念和统筹思维，要从体系层面上深入理解国家的根本制度、基本制度、重要制度，理解这些制度的发展现状、发展变化、目标设定等，寻求制度与生活之间的契合，为自我变革留下空间，进而提升政务平台的运行质量。

第五章　结语

现代信息技术飞跃发展，生产要素价值序列发生了迭代变化，数据如今与土地、劳动、资本和技术并列为新一轮产业变革的核心生产要素，成为社会发展新的驱动力。政务大数据在国家数据资源中占有较大比重，为政府不仅带来了技术变革，还带来了社会运营、民众赋权及社会治理的新期望。

数字时代，政务大数据是信息技术和信息资源的复合双面体，是信息资源的核心组成部分，其整体属性是对传统信息资源的继承和发展，对政务大数据进行治理需要遵循信息资源生命周期管理的一般原则。本书通过对电子政务和大数据的发展轨迹的多维扫描，客观分析政务大数据面临的机遇与瓶颈，找到影响政务大数据发展的关键因素。本书详细地讨论了政务大数据发展的多种关键力量——传统与现代的平衡、时间与空间的转化、博弈与合作的协调。这些力量着眼于准确辨识信息资源本体性在政务大数据治理活动中的重要意义和回归路径。

我们可以看到，以大数据技术为代表的先进信息技术发展创新始终要以信息服务需求为导向。在技术思维发展日渐成熟的推动下，社会的复杂性和不确定性要求政务大数据转向信息资源层面，政务大数据治理转向资源整合阶段。跨部门、跨领域的综合性思考和关联性业务不仅被频频提上日程，而且成为政务大数据超越时空限制开发利用的新契机。

本书以政务大数据为研究对象，围绕统筹学的核心思想"人—时间—空间"这一主线，按照"目标—工具—对象"的逻辑主线进行拆解，将政务大数据这一信息资源全流程动态管理为实践主线，以质量优化和主体协作为主要内容。其中，统筹布局是关键，本书从驱动因素、秩序选择、优化路径三方面理顺重点关系、聚焦关键要素，提出发展构想。为实现政务大数据治理的高质量发展，本书通过"时空统筹"这一科学哲学思维范式，着眼于战略时空布局、构建数据时空平台，指出政务大数据治理从碎片化管理向整体性治理转变，设计了一条顺应大数据治理周期律、大数据资源功能优化、大数据内化为治理能力的提升路径。

即便对政务大数据的发展难以进行精准预测，但是我们首先要做的就是突破思维的困局，提出有益的发展设想，摸索出当下前行的方向。技术的扩散和普及速度越来越快，带动了很多积极效应的出现。政务大数据应该被看成一个具有前瞻性、全局性、整体性的学习型系统。其生命力寓于信息化、全球化之中。本书期待能为政务大数据的增值和挖掘提供更多的思路。未来的数字世界，将形成数字空间、实体空间深度融合的新时空。政务大数据治理关涉内容丰富，指向价值多维，任何试图从学理上或逻辑上穷尽其内涵要点都是不现实的。因此，它是起点，而非终点；是开放平台，而非封闭领土；它远未定型，未来正处于我们的创造之中。